细微之处看教育

XINSHI WENJI

ZHONGXIAOXUE JIAOYU SHIJIAN

QINGJING ANLIJI

新师问技：

中小学教育实践情境案例集

孙望安 编著

華中師範大學出版社

图书在版编目(CIP)数据

新师问技:中小学教育实践情境案例集/孙望安编著.—武汉:华中师范大学出版社,2023.5

ISBN 978-7-5769-0101-6

Ⅰ.①新…　Ⅱ.①孙…　Ⅲ.①中小学教育—案例　Ⅳ.①G63

中国国家版本馆 CIP 数据核字(2023)第 053487 号

出　　版:	华中师范大学出版社		
社　　址:	武汉市洪山区珞喻路 152 号	邮　　编:	430079
策　　划:	基础教育分社		
责任编辑:	史小艳	责任校对:	骆　宏
封面设计:	胡　灿		
电　　话:	027-67863040(市场部)		027-67862387(编辑部)
传　　真:	027-67863291	邮　　购:	027-67861321
网　　址:	http://press.ccnu.edu.cn	电子信箱:	press@ mail.ccnu.edu.cn
印　　刷:	湖北新华印务有限公司	督　　印:	刘　敏
字　　数:	280 千字		
开　　本:	710mm×1000mm 1/16	印　　张:	20
版　　次:	2023 年 5 月第 1 版	印　　次:	2023 年 5 月第 1 次印刷
定　　价:	58.00 元		

欢迎上网查询、购书

序

XU

从事中小学教育工作，教师必须也必然会秉承和践行科学的教育理念。与此同时，采取正面引导、适度激励，或纠正错误、化解矛盾，或适时介入、防患未然等手段，也是教师在日常教育实践中不可回避的技术性问题。相对于“理念”而言，这里所言的“技术”包括教师在实践中针对具体问题与现象选择和使用的教育策略与措施、方式与方法、角度与路径等。对于新入职或实践经验不足的教师，解决好实践过程中的技术性问题显得尤为重要，这些技术性问题会形成其职业生涯初期的一道坎，非跨越不可，甚至会伴随部分教师职业生涯的全过程。

本书收录的教育实践情境案例均来自参加集中培训的一线中小学教师。撰稿教师的教育教学经历长短不一，任教学科与所在岗位不尽相同，在参与培训过程中作为“作业”提交了自感印象深刻且值得分享的实践案例，包括成功的经验和失败的教训。在结集编排时，我尽量保持了原稿的原生状态，其目的是凸显其生成性特征。尽管如此，撰稿教师不谋而合，在关注、处置、描述技术性问题时，仍然清晰地反映出教育实践中的许多共同之处。

积极观察：教师教育学生首先必须要学会观察学生。教师观察学生，不是简单地与学生在校园、在教室见面，而是主动地、细致入微地了解学生。案例中反映教师主动观察、细致观察的情景比比皆是。只有心中装着对学生的一腔热爱，教师在观察中才能克服视觉疲劳或职业疲倦，在完成观察的基本动作“看”或“听”的同时，才能“看到、看清”，“听到、听清”。

敏锐发现：在观察的基础上，教师往往能发现学生中的很多现象，如学生的进步或退步、学生的问题或缺点、学生的心情或情绪等。这就是观察的阶段性结果的显现。检验教师观察的效果，最重要的是看其通过观察现象，是否发现背后的潜在问题或深层原因。不少教师通过发现学生脸色的变化、情绪的波动、行为的异常等，抓住机会教育引导学生，成效明显。

准确诊断：对观察和发现的情况与问题进行分析，尤其是一些隐性的或短期内不会显现的问题，需用经验和智慧进行判断。诊断不仅是对学生身上的毛病和问题进行诊断，也包括对学生的优点与进步进行评判，从而采取跟进或激励措施，让学生的优点放大、弱点渐小、进步加快。诊断过程，其实也为教师深入研讨教育问题创造了良好的机会。

拟定措施：找准了问题与根源后，教师要对症开出“药方”。在每个案例的“教育措施”栏目下，“已用措施”，就是教师根据诊断的结果所采取的教育、帮助、引导等具体行为。案例提供者对已用措施的效果进行了加注，如很好、一般、较差、失败。无论自评效果如何，我以为这都不是标准答案，提供的已用措施只是讨论的参考，需因时而异、因人而异。特别要提到的是，教师自评为“失败”的案例，并不意味着他们的措施没有参考价值，更不能据此以为其工作没做好。相反，我以为撰稿教师提供“失败”的案例，能充分表明他们对学生的爱心与对教育的责任心，体现了人民教师博大的胸怀。

坚持实施：实施教育措施，是教育过程中的关键环节。少数措施落实起来比较简单，持续的时间也较短，有的甚至是一次性的工作。然而，多数教育措施的落实就没有那么轻松，除需要较长的时间之外，如几个月、一学年甚至整个学段，还需要教师团队合作，家校联手等才能奏效。

不断反思：反思是教师改进工作，自我提高的重要途径。在案例中，教师反思的结果在“拟用措施”以及“禁忌”栏中体现。拟用措施与已用措施相关但不重复、不交叉，是选择性措施、补救性措施或跟进性措施。拟用措施，从不同角度切入问题，起到开阔思路的作用。而“禁忌”反映的是教师在情急之中、无奈之下容易表现出的态度或随口而出的话语。以此“禁忌”提醒教师不要因出言不逊而伤害学生或家长。

本书侧重关注教师实践中的技术性问题，这看似在授人以鱼，实则意在授人以渔。大凡处置教育实践中的技术性问题，都会受到当事教师教育理念与态度的支配与影响，“技术性”必定是理念与态度在实践层面的表现；每一个案例提及的教育策略与方法，并非仅限于该案例中的现象和问题才具有适用性和有效性，还可以策略重组、综合实施，方法迁移、举一反三，拓展变换、融会贯通等，实现授人以渔的目的。

中小学教师的工作就是在平凡中见伟大，于细微处显卓著。但愿本书能引发中小学教师，尤其是新教师对日常、平凡的教育细节及技术性问题的关注和研讨，继而练好职业基本功，提升职业综合素养，用一丝丝阳光、一滴滴雨露助幼苗茁壮成长，与此同时实现个人专业发展的跨越。

以此为序。

2023 年 2 月

目录

MULU

第一编　品德品行

第二编　学习进取

第三编　行为习惯

第四编　心理健康

第五编　生活卫生

第六编　情感发展

第七编　生命安全

第八编　纪律意识

第九编　逆境成长

第十编　家庭教育

第一编
品德品行

在多元信息渠道背景下，利用学生对政治与社会萌发的兴趣，老师应主动引导、及时引导、正面引导，让学生通过感受身边的变化，接受正能量，将爱国主义精神内化于心、外化于行。

当学生具备知错就改的道德品质和自我纠错的能力，他们就会少犯错误、勇于承认错误、宽容他人的错误。老师经常要判断、纠正、处理不同学生的错误行为，其实这就是道德品质与能力培养的重要过程。

有些小学生看到喜欢的东西就想拿、捡到东西就据为己有，对其心理要具体分析，有的是占有欲在“发酵”，有的是缺乏教育引导，有的是屡“拿”尝到了甜头等，他们对“物主”的概念模糊，不懂得请求他人分享的技巧，更不知道养成此种不良习惯会造成的严重后果。

挽救一个失落的心灵，就是播下一颗希望的种子。对于一个迷路的孩子，最需要的不是处罚，而是老师和同学给予的理解与信任、尊重与引导。

“卧谈会”关心国家大事

案例撰写：杨代芬，湖北省松滋市中学教师

去年秋季，我接手了九（2）班。开学一个月之后的一个晚上，我像往常一样查寝，顺便与几个同学聊聊。

突然，在我背后的寝室里，传来了几个同学非常兴奋的谈话声，仔细一听，他们在谈论一些大事。“现在是该管的没管住，有的官员不替咱们老百姓办事，我看很危险。”好像是郑振（化名）* 的声音。王晓旭接着说：“是的。有的地方贪官太多，还有食品也不安全，搞得我们都不敢吃东西了。总有一天要把嘴巴扎起来！”“农村个别党员干部很坏，专门欺负小老百姓。”又有人接了一句。我转身走进郑振他们的寝室，但当时我没有批评任何同学，只是提醒同学们安静，不要讨论这些消极的东西，快快睡觉，第二天还要早起跑步呢。

我怀着沉重的心情回到家，一夜辗转未眠。孩子们课余开始议论国家大事，对政治有兴趣有认识了，不再像更小的时候只关注学习、学校、家庭了，我为他们感到高兴。然而，他们只看到了一些消极的东西，明显是受到社会上负面信息的影响，我为此有些担忧。与此同时，近些年来我们国家，包括我们身边，我们自己的生活发生的翻天覆地的变化，就像电影

* 说明：本书案例中出现的人名均为化名。

一般，一幕幕在我脑海里闪过。我下定决心，第二天利用早自习给同学们好好上一堂“特殊课”——讲讲在中国共产党的领导下中国农村建设与发展的成就。

“特殊课”毕，我请同学们利用周末回家的时间搜集一些党的惠民政策给农村带来变化的素材，下个周一召开主题班会……

从此，班上再也没有负面言论，同学们的爱国意识增强了，一股正能量在班上传播开来。

◆简析与研判

在中小学开展爱国主义教育的重要性毋庸置疑。在多元信息渠道背景下，利用学生对政治与社会萌发的兴趣，老师应主动引导、及时引导、正面引导，让学生通过感受身边的变化，接受正能量，将爱国主义精神内化于心、外化于行。

◆教育措施

已用措施：发现问题，及时处理，让学生充分认识纠正错误看法的必要性。为提升学生对爱国主义教育的认识，老师安排讲一堂“特殊课”，利用一系列的数据与事实，从农村发展到学校变化等向学生宣传党和国家的好政策。布置作业，让学生自己搜集惠民政策的素材，在主题班会上进行探讨。引导学生感悟学校环境的变化，让学生学会感恩，珍惜美好生活。(效果：很好)

拟用措施：在主题班会后，与家长取得联系，专门提醒家长向孩子进行爱国主义教育的重要性，给学生正面的影响。利用多媒体向学生播放祖国的大好河山，以及众多的惠民政策带给祖国巨大变化的画面，并开展讨论。请当地比较有名望的长辈到校讲解对改革开放以及近些年来各项惠民政策的看法和体会，巩固“特殊课”和主题班会成果。

向学生播放国家惩治贪污腐败的案例，以及贫困落后乡村的变化的画面，引导学生正确认识我国目前的形势。向道法课老师通报“特殊课”和主题班会情况，建议其拓展道法课的内容和形式，增强道法课的针对性。通过爱国主义教育等活动，增强学生学习的主动性和积极性，为做好建设者和接班人打好知识基础。

禁 忌：对私下乱发议论的学生，当即严厉批评、指责，或扣上一顶“帽子”。将老师平日政治学习获得的理论、概念等大道理直接灌输给学生，美其名曰“用大道理管小道理”。只反复强调爱国的重要性，只讲空话，不能列举具有说服力的现实例子。对学生的错误议论毫无反应、不管不问，认为“他们几个毛孩子还不懂事”。

挺身而出助老师摆脱险境

案例撰写：胡明普，湖北省谷城县中学教师

农村中学留守孩子多，承担监护责任的是爷爷奶奶，他们一年四季都有做不完的家务，对孩子缺少心理上的关爱，也有部分监护人不懂得如何正面教育引导。很多孩子明辨是非的能力很差，只要学校有那么几个比较粗鲁、比较霸道的学生，其他学生就比较怕，会躲得远远的。

有一次，我班上的汪岩无缘无故被两个大个子男生拦在路上，要他给10块钱，他乖乖地掏出了买早点的5块钱，还被踹了几脚。饿着肚子上课，他都不敢告诉老师。后来有人告诉老师说汪岩没吃早饭，老师问起这件事，他才吞吞吐吐说出实情。老师要他指认是哪两个男生，他始终没有答应，害怕下次再碰到他们。

其实，学校对几个平时霸道蛮横的学生一直很关注，采取了很多教育措施，帮助他们纠正不良习惯。学校还经常提倡和引导学生学会明辨是非，同学间友好相处，互相尊重，注意培养正义感，但收效甚微。然而，下面这件事为学生树立了一个很好的正面典型。

今年3月的一个晚上，八（3）班黄老师晚自习后步行回家的路上，发现有个社会小青年在喊她的学生柳西去上网。黄老师见状后前去阻止柳西，让他赶快回家。这个小青年看见有人出面制止，觉得很没面子，上去就冲黄老师吼，并出手推她。黄老师挣脱后，这个人仍然拉扯黄老师。我们班许淑茹同学晚自习后骑自行车回家，正好路过，便立马下车，大声喝道："这是我们老师。你再敢动手，我对你不客气了。"说罢，便把那个人推开。小青年被这短促的几句话镇住了，悻悻然离开了。然后，许淑茹骑车把黄老师送回了家。第二天，黄老师当着我的面，连声称赞许淑茹危急时刻明辨是非，胆大心细。

◆简析与研判

是非观是人们心中的一把良知标尺。学生正确的是非观形成，一方面来自社会、家庭的正面影响，另一方面也是长期接受学校教育的结果。作为老师，我们必须引导学生明辨是非，维护真善美，摒弃假恶丑，从自己做起，从点点滴滴做起。

◆教育措施

已用措施：充分肯定许淑茹不畏强势、乐于助人、富有正义的精神，在班级乃至全校号召大家向她学习。对留守孩子进行鼓励，教育他们不要惹是生非，也不要怕事，要自觉抵制不良风气，伸张正义。组织"你该怎么做"主题班会活动，列举班上的这两件事，让大家讨论自己遇事后该怎么做。(效果：很好)

拟用措施：将是非观的培养和正义感的教育纳入教学内容，协调语文老师、道法课老师结合课文进行理论联系实际的教育。向学生推荐一批明辨是非的故事书，并组织读书心得体会交流会，分享故事与收获。指导学生发一份倡议书，号召全校学生树立是非观，自觉抵制不良行为，传播正能量，增强学校正义氛围。

针对有些留守孩子是非观相对差的特点，专门对他们进行教育，尽量弥补家庭在此方面教育的不足。对于是非观明显欠缺的重点学生，及时与监护人沟通，争取家长参与教育引导。在加强是非观教育的同时，给学生讲授自我安全防护常识与技巧，警惕意外事故发生。

禁 忌：教育引导时只讲大话空话，不联系社会实际，脱离学生思想和心理发育实际。对明辨是非、乐于助人的学生和事迹视而不见，不能及时表扬和鼓励。要求学生危急关头敢于站出来，但是缺乏安全防护常识的教育与技能培训。

“八大金刚”从此转变

案例撰写：乔仕文，湖北省宜昌市中学教师

那年秋季，我到九中走马上任，遇到的一个很棘手的事情就是怎么对待被大家称为“八大金刚”的八个男生。这八个男生在家都娇宠有余、任性自负，他们“臭味相投”，一下课就很自然地从不同班级聚到一起，除了打篮球外，基本上干不出什么好事，从小多次受到学校处分。

眼看距离中考的时间不多了，而“八大金刚”的不轨行为却变本加厉。有的蓄长发戴耳环，有的剃光头纹手臂。他们一上课就睡觉，谁都不敢管，谁管跟谁闹；一下课就欺负小同学，还恶作剧。他们经常躲在教学楼六楼的角落，趁老师和同学们在操场上活动时，用塑料袋从厕所装满水，直接从楼上泼下来，搞“人工降雨”，淋得楼下的老师和同学们浑身是水；他们还把自己的书和资料撕成碎片，玩“天女散花”，害苦了做清洁的同学和员工。更可恶的是，他们经常躲到男厕所里，威逼小同学为他们买烟抽，害得男生不敢上厕所……

通过近半年与“八大金刚”的接触，我深感事态的严重性。学校的正常教学秩序受到严重影响，这八个学生毕不了业，不久就会成为社会的包袱。同时，我对他们的过去，包括小学阶段的经历有了更多的了解。焦虑之余，我冷静思考，另辟蹊径，找到了打开锈锁的钥匙，成功地纠正了这八位学生的不良行为。

◆简析与研判

适当的处罚是不可缺少的教育手段。但我们要坚信，正面激励教育具有神奇的力量，它可改变一群问题孩子的人生轨迹，引领他们朝着光明的未来努力奔跑。正面激励的前提是设法走进学生的内心世界，真正读懂学生的心理需求，然后因势利导，利用集体的智慧和充满人文关怀的激励手段，重塑他们的角色形象，以实现他们人格的自我觉醒和自我完善。

◆教育措施

已用措施：利用学生的篮球爱好，与其一起运动，让学生接纳自己，取得信任。尊重学生，对学校管理方面的难度坦诚相告，请这几位学生帮忙出点子，并参与学校的管理。找准切入点，隆重成立学校安全卫生文明督察大队，第一批就吸收这八位同学，因势利导，增强他们的责任感，既发挥其“威慑”作用，也满足其引人注目的心理需求。(效果：很好)

校领导和老师与八位学生分别结对子，写留言条、说鼓励的话、适时家访。让学生在参与学校管理、发挥正面作用的过程中，体验和感受以正面形象出现后具有的尊严与自信。细致做好八位学生的思想教育工作，要求他们知错就改，争取立功补过。(效果：很好)

建立督察人员立功奖励制度。每天考核学生值日的表现，表现优秀者记三等功一次；连续一周获得五次三等功，可以换一个二等功；一个月四次获得二等功，可以换一个一等功。一个一等功可以抵销大过处分；两个一等功可以抵销留校察看处分。学工处对每天督察的情况进行认真点评，帮助八位学生寻找闪光点，增强他们的自信心和荣誉感。(效果：很好)

禁 忌：把问题学生当成另类，居高临下，当着家长或同学的面训斥学生。继续加重处罚，甚至用开除学籍去恐吓，“再不改就只能开除你们的学籍”。要求各班老师被动地盯住这几个学生，把教育管理的压力全部交给班主任。一旦出现问题，就请家长到校，连同家长一起批评教育学生。

顺便问话揭穿了谎言

案例撰写：张桂平，武汉市新洲区中学教师

麻兴有两个姐姐，在家中排行老三，是父母的宝贝疙瘩，于去年秋季升入九（3）班。暑假期间，分班名单出来后，九（3）班的数学老师主动提出抽几天时间，义务为一些数学学习有困难的学生补课。麻兴学习基础较差，尤其是数学学习最困难。数学老师主动联系他，请他到校参加补课。但是他因天气太热想留在家休息，不愿到学校补课，班主任几次打电话无果。整个假期，有同学经常看到他不是乱买零食吃，就是去泡网吧。

秋季开学的第二周星期一早上，麻兴的妈妈骑电动车将他送到学校。这时已经快上课了，他妈妈在教学楼下碰到了一位她认识的同学，便顺口一问："你们这星期还要交费用吗？""没有呀，上周开学都已经交过了。"他妈妈立即带孩子到班级找到我，并了解情况。经过询问得知，开学周麻兴已在家中拿足了要交的费用，但是他自己只交了一部分。

当时，我通过电话与他爸爸进一步核查，麻兴还大发脾气，并赌气说"不读了"，然后直接回到了寝室。他妈妈补上欠款后立即追到了寝室并耐心哄劝，随后请我无论如何也要劝说孩子上课。我反复劝说，麻兴才道出实情，上周返校后，他先到超市买了大量的零食，作为见面礼请其他同学的客。有时白天上课无精打采老想睡觉，原来是晚自习后偷偷摸摸邀同学去网吧包夜。他所花的钱，都是从家长给的开学应交纳费用中挪出来的。

◆简析与研判

麻兴因有不良习惯，家长给的零花钱不够花，利用家长和学校联系沟通的时间差，打起小算盘，玩起小九九，萌发了不诚实的苗头，其危害性不言而喻。家长顺便一句问话，碰巧发现自己孩子有撒谎的毛病。老师细致交流开导，不仅是在纠正不良习惯，更重要的是教育学生如何诚实做人。

◆教育措施

已用措施：首先劝说学生回教室上课。得知学生挪用应向学校交纳的钱后，不急于下结论，而是先通过其父亲核实情况，锁定事实后再查原因。明确指出学生在家长和老师之间说谎话的危害性，若确实有困难应该讲实话。引导学生学会做诚实的人，做错了事，要敢于承认，成年后才能有担当，要求学生分别向老师和家长认错。(效果：很好)

拟用措施：再次与家长联系，通报麻兴乱花钱购买零食、去网吧包夜等情况，建议家长加强周末的监管。与家长讨论，建议将给孩子的零花钱确定在一个比较合理的范围，提供班级部分学生零花钱的大致幅度。督促麻兴纠正晚间去网吧包夜的习惯，请宿管员协助，监督落实禁止学生去网吧的规定，加强学生宿舍的夜间管理。

加强对麻兴学习的辅导，促其将注意力和兴奋点向学习方面转移。建议麻兴通过生活上互相关心、学习上互相帮助、课余活动一起参加等方式，加强与同学的联系。组织主题班会“如何花好零花钱”，逐步培养学生生活节俭的习惯，珍惜父母辛勤劳动所得。

禁 忌：当场请家长将孩子带回家教育，或让家长陪在学校一起揭穿学生的谎言。严厉指责，“这么小就学会了撒谎，长大后还得了，肯定会变成个大骗子”。单纯教育学生，对家长不给予家庭教育指导，或建议家长适当增加小孩的零花钱，以防止其因钱不够花而继续说谎要钱。

接二连三“顺手牵羊”

案例撰写：曾骥，武汉市洪山区小学教师

五年级男生吴小亮、喻为民、张协，都住在城中村，经常纠集在一起上网、偷窃、播肥（武汉方言：敲诈）、抽烟、打架。吴小亮的父母离异，父亲因吸毒曾受处罚，现仍无正业。吴小亮的爷爷已70多岁，以卖烧烤为生，负责孙子的饮食起居。喻为民性格倔强且胆子大，撒谎也不脸红。虽然他家里条件比较好，不愁吃穿，但是家长教育方式不正确，小孩已经养成不做作业、撒谎的坏习惯。张协比较“糊涂”，易受蛊惑和唆使。

上学期，喻为民家里鼠标坏了，他就利用上信息技术课的机会和张协一起把学校微机室的鼠标拔下来两个带回家。老师随后追查并严厉批评，他们才承认并退还。道理讲了几箩筐，希望他们守住做人的尊严和人格底线，不要再犯同样的错误。结果没过多久，这三个学生每人带着一部对讲机在班上玩。老师觉得很不正常，在网上查了品牌与价格，发现这不是玩具并找他们谈话。起初，三人都说谎，不承认是偷来的。谈到最后，张协为获表扬向老师说：“我们路过那间办公室的时候，准备去搞点钱。进去以后找了半天没找出钱来。后来发现了对讲机，我们都认为这个好玩，就一人拿了一个跑出来了。”当地派出所也曾介入此案。不多久，他们趁人不备又将老师没收的对讲机从老师的办公室偷走。

半年内三次偷摸行为被抓，但他们并没有收手。本学期中，吴小亮和喻为民负责缠住店老板，张协负责偷，从某文具店偷了6块卡通电子表。

◆简析与研判

小学生有偷窃行为，是一件很棘手的事情。尤其是几个小孩联手，分工配合，偷起来胆子更大。三人染上不良习惯的背景是复杂的，其心理因素也不单一，包括追求享乐、寻求刺激、捉弄老师、炫耀能耐等。他们年幼无知，不懂遵纪守法，但并没完全丧失自尊。虽不可能短期内彻底改变，但通过社会、家庭、学校协同努力，肯定会收到成效。

◆教育措施

已用措施：找三人多次分别谈话，批评教育，将调查结果记录在案，形成威慑。重点讲解盗窃属违法行为，且成年后此行为必定会受到法律制裁。向学生明示，偷窃暂时占有的是钱财，但失去的是自尊、自爱，毁掉的是诚信、名誉，最后可能会毁掉人生。(效果：很好)

拟用措施：召开法律知识主题班会，让学生了解违法事件的危害和学生应该遵循的行为规范。经常进行人格、尊严、荣誉等为主题的教育，用社会主义核心价值观感染和熏陶学生。从生活、学习、心理上关心帮助问题学生，为其创造机会获得表扬和赞誉。

联系三个学生的家长，请他们配合监管。给家长讲清楚学生盗窃行为的事实和严重后果。给家长一些科学教育孩子的建议，促使孩子发生转变。加强家校双边联系，防止对孩子的教育出现监管“真空”。请当地派出所派民警来校以案例说法，发挥威慑和警示教育作用。

禁 忌：不讲方法，使事态不断扩大，进一步伤害三个孩子的自尊。嫌弃、孤立这三个孩子，进行惩罚性甚至体罚性教育。每次发现问题只有当场教育，缺乏后续跟进教育和监督措施。明知家长缺乏管教，或缺乏管教的精力与方法，仍然将三个小孩的教育问题全部推给家长，“家长看着办吧”。

有错在后拒不道歉

案例撰写：向咏梅，湖北省宜昌市西陵区小学教师

4月中旬的一个星期四上午，轮到我给四（2）班上道法课。预备铃响后，我已站在教室门口，同学们陆续回到座位上，准备上课。上课铃响，胡新民急忙跑回教室，不小心将洪宁课桌上的书本和文具盒碰到地上。急忙之中，胡新民没有说一声“对不起”，就回到自己的座位上。洪宁扭头瞪了胡新民一眼，立马站起来跨步到后排胡新民的座位前，将他桌子上的物品全部扔到地上。洪宁回到座位上，感到还不解气，又转身把胡新民的课桌掀倒。

本来我是带着很好的心情来到教室上课，但眼前这一幕闹得令人心烦。我尽量调整心情，走到讲台前，让两位同学互相把对方的物品从地上捡起来。胡新民虽不情愿，但还是起身帮洪宁把物品捡起，放还到他课桌上，并压低声音从牙缝里挤出“对不起”几个字。但是洪宁执意不肯捡地上的物品，还口口声声说是胡新民有错在先，自己不该向他道歉。此时，班上同学都关注事态的发展，开始小声议论谁是谁非，也有学生一直用眼睛盯着讲台前的我。

两个学生课前发生一点意外的冲突，本来没有什么值得大惊小怪。问题在于，洪宁在班级历来处于非常强势的地位。他与同学稍微有点意见不合便会动手，在班级颇具“影响力”，多数同学不敢惹他，也有少数男生挺佩服他的“本事”。而洪宁“按兵不动”。课堂上不能这样长时间僵持，幸好胡新民没生气，回到座位并把自己的物品捡了起来。于是，我想到用身边发生的人和事上好当天的道法课，帮学生建立正确的是非观，学会有错认错。

◆简析与研判

人非圣贤，孰能无过，何况是青少年学生。帮助学生知错、认错、改错，这既是培养学生品德的要求，也是提升学生自我完善能力的需要。当学生具备知错就改的道德品质和自我纠错的能力，就会少犯错误，勇于承认错误，宽容他人的错误。老师经常要判断、纠正、处理不同学生的错误行为，其实这就是道德品质与能力培养的重要过程。

◆教育措施

已用措施：灵活调整道法课内容，将道法课的教学与处理突发问题相结合，导入课程“宽以待人”。让学生阅读教材并与同桌交流感受，然后点名让当时议论较多的同学先发言，谈谈自己遇到的宽以待人的人或事，最后请胡新民、洪宁发言，引导他们联系实际谈体会。基于讨论，提出日常行为要求，如不计较、懂礼貌、彼此尊重、知错认错等。(效果：很好)

集中呈现课前案例，提出不同的假设：若是当事人之一该如何做？若是旁观者该怎么看？若是老师该如何处理才合理？在分析讨论过程中，让学生逐步树立正确的是非观，形成正确的舆论导向。课毕前，重点启发洪宁同学谈认识，引导其认识自己刚才过激的错误行为，并向胡新民同学及以前欺负过的同学道歉。(效果：很好)

拟用措施：让班干部把涉事学生带到班主任办公室，交由班主任处理，其他同学在教室正常上课。此事暂不处理，课后单独找涉事学生谈话，侧重对洪宁进行批评教育，帮两位同学认识到自己的行为是不理智的、不友好的。结合当天的课，给同学们布置作业，体会宽以待人在同学交往中的重要性。在下一次课时，结合复习，介绍本次事件的处理情况。

禁 忌：按教案上课，对学生中的矛盾和学生的不同观点置之不理。或紧密结合发生的案例实际，但不讲究方法，引导同学对涉事的学生开展批评，将道法课变成“批斗会”，伤害学生自尊，加重抵触情绪。知道洪宁在学生中一直很“强势”，故对在课堂上帮其提高思想认识、扭转错误行为缺乏信心。当即要求两个学生离开教室，在外面思过。

丢失的笔袋再现教室

案例撰写：秦文花，湖北省红安县小学教师

星期三的下午，我带的五（2）班的裴晓蓓一脸不开心地找到我说，她的笔袋不见了，里面有二十多支笔以及其他的文具。这都是她自己挑选的，自己非常喜欢。我一边安慰她，一边询问情况：“咱们班以前发生过丢东西的事情吗?”她说：“闵伊娜在三年级时拿过同学的钱。”我让裴晓蓓先回去，不要着急，由老师来调查。

两个多星期过去了，我手上没什么线索，就在快要忘记此事时，裴晓蓓手拿一个笔袋气愤地找到我：“老师，就是她（闵伊娜）拿的，你看，这个，这个，还有这些都是我的。有同学可以证明，好多笔是和她们一起买的。”我接着就问：“你是怎么发现笔袋的?”她说：“我在她桌上看见了几只笔很像我的，我趁她不在教室时看了她的书包，结果看见了我的笔袋和其他文具。”紧接着，我就喊来了闵伊娜同学，问她笔袋是谁的，从哪儿来的。她回答说是她下课时捡的，她也不知道是谁的。这时，裴晓蓓同学很激动，说道：“你坐在我前面，你会不知道这是谁的？明明就是你偷的，我的笔袋又没有掉过。”这时，我让裴晓蓓回到了教室，单独跟闵伊娜聊了一下。她说是下课时她在地上捡的，没其他人看见，就放到自己的书包里了。我就问她：“老师教育你们捡到东西应该怎么样?”她低下了头……随后，我联系了其家长，得知小孩在家里也偷偷拿过父母的钱。

◆简析与研判

有些小学生看到喜欢的东西就想拿、捡到东西就据为己有，对其心理要具体分析，有的是占有欲在“发酵”，有的是缺乏教育引导，有的是屡“拿”尝到了甜头等，他们对“物主”的概念模糊，不懂得请求他人分享的技巧，更不知道养成此种习惯会造成的严重后果。但事后不说实话，又反映小孩具有一定的是非观念，希望维护自尊心。

◆教育措施

已用措施：联系家长，试探性摸清小孩在家的行为习惯等特点，借机说明小孩在学校发生的事情。与家长认识达成一致后，对小孩懒惰、撒谎等毛病采取针对性教育措施。家校口径一致，对小孩进行诚实诚信教育，细心解释为什么不能占有不属于自己的东西。发现她的优点或进步，随时表扬，甚至有意安排为其提供表现的机会。(效果：很好)

拟用措施：在班上组织故事会，安排同学们交流自己看过的拾金不昧的小故事。建议家长加强训练小孩的行为习惯，如拿父母的东西要先征得许可，要钱应先说明用途。明确且严格要求学生在校内外不得拿其他人(包括同学）的大小东西，借东西应先征得同意，用后必须归还。

提醒全班同学，不能未经许可就查看同学的抽屉或书包，更不能强行搜身，相互之间要尊重，有问题应该先向老师报告。老师通过讲故事、讲道理等形式，引导学生摒弃嫉妒之心，不能“贪小便宜”等，要将兴趣转向比学习、比成长。对小孩（学生）的要求要适当，不提过高的要求。

禁 忌：在事实不清的情况下，就请家长到学校处理问题。当学生说是捡的时，当着全班的面戳穿“谎言”，“明明是偷，还狡辩说是捡的。捡到东西不交，跟偷有什么两样！”全盘否定当事学生，“简直没得救”。家长和老师不沟通，各行其是，事倍功半，错失教育良机。

迷途知返仍是好少年

案例撰写：邬丙祥，湖北省崇阳县中学教师

去年秋季开学，我第一次看到钟文放。他个子矮瘦，头发凌乱，面色憔悴…… 这怎么看也与分班成绩第一名的“钟文放”联系不到一起来。正式上课后，钟文放每天起床最早，读书声音最大，上课跟着老师的问题反应最快，令人满意。

第三个周末后返校，我检查家庭作业时发现钟文放的作业居然全没做。我好心地询问理由，他竟然一句话也不说。我拨通家长的电话，他父亲的回答让我始料未及：钟文放今年暑假很少回家。开学时回家过一次，之后就一直没有回过家。没几天，他邻桌的几个同学要求调换座位，原因是钟文放身上臭味难闻。我也觉察到钟文放有些毛病，但他学习成绩优秀让我没往坏处想过。现在他如此这般，我愕然了。

我进而了解到，钟文放的父亲脾气暴躁，言语粗俗。因与父亲不和，钟文放就常去网吧或与不三不四的人来往。在联系家长的同时，我也费尽心思做心理疏导工作，讲清上网、结交不良朋友的危害，劝说他一定要回家。这期间，每周日学生返校后总有人报告失窃，引起学校重视。一个星期六的早晨，学生已放假回家，我发现教学楼上出现人影，便叫上几个住校的老师围堵。意想不到的是，我们堵住了钟文放。我采取了温和的办法，但他仍然反应强烈，“反正我一生已毁了，我不读书了”。为减轻他的心理压力，我请年长并富有经验的沈老师与之交谈。一个多小时后，钟文放释然地走出办公室。这次事件后第一次返校，钟文放迟到了半个多小时，而且是低着头走进教室，我没有批评他。

以后学校格外平静，也没有人谈及星期六发生的事。只有我感受到，一双信任的眼睛时刻注视着我。今年中考，学校中考成绩排名——钟文放赫然榜首。

◆简析与研判

挽救一个失落的心灵，就是播下一颗希望的种子。“一生已毁”是该生对问题的性质以及严重后果的深刻认识，也是内心挣扎许久后的真情表露。对于一个迷路的孩子，最需要的不是处罚，而是老师和同学给予的理解与信任、尊重与引导。

◆教育措施

已用措施：初步掌握该生不完成作业的情况后，做通家长的工作，建议宽容、关爱孩子。在教学楼围堵后，温和处理，讲清道理，洗手不干是唯一的出路，否则真可能毁掉一生。在班级和学校保守秘密，维护学生的尊严，在同学面前保全学生的面子。鼓励学生在班级继续带头认真学习，并用优异的成绩和良好的行为，改变自己过去在同学中的不良形象。（效果：很好）

拟用措施：在沈老师谈话的基础上，班主任找机会与学生深谈，进一步了解事发真相，明确指出问题的严重后果。可给予该生适当的处分，例如口头警告（可以不对外公布），并明确在一定时间内不发生新的问题，可以撤销处分。强调学校及老师对该生寄予厚望，对其学习上的优势予以充分肯定，相信他能知错就改，重新回到健康成长的道路上来。

建议家长，尤其是父亲主动与小孩改善关系，至少不发生正面冲突，让小孩有家的归属感，能在家安心学习。要求学生改掉常去网吧的不良习惯，严格自律，不与社会上不三不四的人来往。在一段时间内，家长和学校建立相对稳定的联系机制，适当予以监督，确保学生在家和校两点一线往返途中不走“岔道”。

禁 忌：追着不放、公开批评、伤口撒盐，增加学生的心理负担，使其丢尽脸面。严厉训斥甚至挖苦，“你学习上有模有样，没想到课后却是另一种模样”。被围堵后，请家长到学校将孩子领回家教育。

误导妈妈在卷子上签字

案例撰写：熊凝慧，武汉市青山区小学教师

一年级的小男生张晓琪，比较活跃，平时基本上能按时完成作业，上课比较守纪律，经常受到表扬，但课堂上很少举手回答问题，成绩属于中等。有一次班上发生了一件“怪事”，引起了我对张晓琪的特别注意。

在一次单元测试后，我按常规在班上讲评试卷。突然，王丽娜举起手来。我感到很奇怪，抢先问她：“你是我们班上这次测试唯一的一个满分，你还有什么问题吗？”王丽娜说：“老师，我的试卷不见了，怎么也找不到。”第二天上课，我要求同学们上交讲评后各自订正的试卷时，另外一个女生告诉我，她的试卷也不见了。难道班上哪个学生爱好“吃试卷”？我一一检查了同学们上交的试卷，发现张晓琪的试卷上不是他的字迹，其家长签字也有点古怪，倒像是他自己签上去的。于是我与丢试卷的女生确认之后，发现这张试卷正是她早上不见的那张，名字被改掉了，家长签字也被擦掉了重签。我立即打电话与张晓琪妈妈交流，他妈妈说昨天儿子拿回家签字的是一张100分的试卷。家长虽然有些疑虑但仍在试卷上签了字。最后，张晓琪在书包中拿出了他自己刚及格的试卷和王丽娜的满分试卷。

班上其他同学也告诉我，张晓琪在完成课堂作业和小测试时，有偷看他人答案的习惯。这次单元测试时将座位分开，张晓琪无法“借鉴”别人的答案，只得到了刚刚及格的成绩。因此，张晓琪就动了一下歪脑筋，拿满分试卷给父母看，订正好别人的试卷交给老师。

◆简析与研判

小学生，尤其是一年级学生的学习动机比较简单，他们就是图个好表现、得个高分数，在学校受老师表扬，在家里招父母喜欢。为此目的，有的小孩会玩起让人一眼就能识破的“小动作”。作为低年级学生的老师，我们切不可以年纪小而疏忽懈怠。相反，我们应该抓住小学低龄段这个关键期，以正面引导为主，训练学生的学习方法并培养其学习习惯，同时不断强化是非观，逐步培养学生良好的道德品质。

◆教育措施

已用措施：引导学生看到自己的问题，明白其行为的错误之处，并制订补习计划，帮其在课业上取得进步。与家长联系，建议家长按时检查作业，及时反馈，多与孩子沟通交流，规范其行为习惯。利用学生渴望得到认可和表扬的心理，分配给他适当的班组工作，给他展示长处与优点的机会，借以增强自信心。(效果：很好)

拟用措施：在班级提倡自己的事自己做，要求自己的作业由自己来完成。鼓励学生说实话，大胆提问，有困难、有问题直接找老师问或与同学一起讨论。引导学生上课认真听讲、看书、做作业，发现上课不听讲或注意力不集中等不良的习惯及时纠正。

讲清照抄他人作业的坏处，要求抵制抄袭现象，反对窃取他人的学习成果。告诉学生，老师和家长的期望是学生真正学到知识，引导学生逐步将注意力从分数转向学习知识的全过程。动员学习好的同学主动帮助张晓琪，一起讨论作业该如何做，然后各自独立完成。

禁 忌：在全班公开批评张晓琪“偷”试卷作假的行为，“考试成绩不行，作假还蛮能动小脑筋”，“脑筋好使，就是没有用到正道上”。将家长请到学校，指责家长教育不严，发现小孩有点古怪为什么不管呢？事后不采取任何教育措施，不注意帮助学生解决好学习上的问题。

以大欺小的“假小子”

案例撰写：张大寨，武汉市蔡甸区中学教师

去年，七年级女生纪丛岚，刚到学校报到后不久，就引来“围观”。她的穿着打扮、行为举止不怎么像个小姑娘，有的同学就干脆喊她“假小子”。纪丛岚成绩非常一般，但是开学一段时间后，除她的行为有些像男孩子外，老师没有发现她有其他异常举动。

可是，期中考试过后，临近小学的一个学生的家长找到学校，称纪丛岚敲诈几名小学生，且数额在万元以上，其中他家的小孩被敲诈大几千元。家长反映说：“我们的小副食店，最近晚上老发现营业款数对不上。我们暗地观察发现，自家小孩从店里拿过钱。追问才知道，小孩一个月八次被纪丛岚敲诈，每次几百上千元不等。小孩胆小怕打，受到威胁后，既不敢跟家长讲，又不敢向老师报告。若不是我们发现钱少了，还不知道会被欺凌到什么时候。”

我们怎么也没有想到，一个女生在一个月左右时间内敲诈一万多元，胆子也太大了！学校很慎重，专门与派出所商量，请了包校的责任民警到学校一起找纪丛岚谈话调查。纪丛岚开始并不承认敲诈，辩称是借款。我把当事的几名小学生都找来与她对质，她才没有狡辩，对自己的所作所为基本都承认了。问她钱花到哪里去了，她说：“先给自己买了一台笔记本电脑、一部手机。剩下的钱请班上的几个男生吃过饭，还给他们派发了零花钱。”我问：“有没有男生问你钱是哪来的？”“我先告诉他们了，这些钱都是我家亲戚给的压岁钱。”纪丛岚显得有点得意。随后，我们请来了双方的家长，核定了具体数额，并协调家长赔偿。

纪丛岚的妈妈答应承担责任，同意赔偿。在请家长协调赔偿过程中，我们惊奇地发现，纪丛岚的母亲也是一身“假小子”打扮，平头、纹身、抽烟、大大咧咧，霸气不讲理。

◆简析与研判

“强者”通过恐吓甚至暴力手段敲诈“弱者”钱财，应受到批评教育，也该承担责任。此类问题也反映出“强者”“弱者”“吃请者”是非观模糊，缺乏法制意识。因此，在分清责任后，应教育学生学会分辨是非，养成遵纪守法的良好习惯。

◆教育措施

已用措施：请包校民警对该生及家长进行法律知识教育等，促其承担相应的赔偿责任；规劝其纠正错误，讲明若任其发展到成年后还要被追究法律责任。劝其家长重视对小孩的言传身教，必要时可请一位有权威和影响的亲友出面协助教育开导。请一名中年或有亲和力的年轻女老师结对帮教。对学生能承认错误以及家长同意赔偿予以肯定。（效果：一般）

拟用措施：对认错后的学生平等对待，不歧视；但是需要继续加强对其的教育工作，促使其充分认识自己的错误以及严重的后果，肃清坏的影响。班主任及科任老师要更多关注该生，通过讲故事、组织参加活动、个别开导等形式，增强该生的性别角色意识并提醒其明确性别定位。请校长或年长的老师参与家访，帮家长改变教育方式，“把女孩当女孩养”，遵守行为规范。

在班级组织是非观的教育与讨论活动，让学生学会如何明辨是非，培养正义感。要求学生自觉抵制欺凌小同伴的行为；凡遇到类似情况，及时告诉家长或老师，请求帮助。请包校民警以案说法，对学生进行法制教育，对未成年人不追究法律责任，并不意味着未成年人可以违法乱纪；告诫学生从小要养成遵纪守法的习惯。

禁 忌：问题处理后，对该生采取歧视态度，认为“不可救药”。不顾女生尊严，严厉批评，“一个女孩打小就跟男孩混在一起，长大还了得”。就事论事，将赔偿问题解决后，无后续工作措施。给予学生处分，并建议家长想办法给孩子转学。

钱是报案学生拿走的

案例撰写：韩亚琴，武汉市汉阳区小学教师

去年春季一个周一的上午，五（2）班学生杜琪亮上学时，父母给了他300元，让他自己去托管点交纳当期的日托费。到学校以后，杜琪亮忙着上课，与同学们嬉闹，将交费的事忘得一干二净。直到中午上完课，该去日托吃午饭时，杜琪亮才想起交费的事。他打开抽屉，拿出书包，装钱的信封不见了！瞬时，杜琪亮惊惶地在教室里大叫了几声："谁把我的钱拿走了？"在场的同学被杜琪亮的叫喊声惊呆了，有的说："谁会拿你的钱呀？"杜琪亮的同桌梁宇泽开始劝慰他："不要着急，不要着急。走，我们先去老师那里'报案'。"

梁宇泽带着杜琪亮来到办公室，向我说明了丢钱的情况。我问他："有没有可能丢在上学的路上？"杜琪亮很肯定地说："不会丢到路上。到学校后，我从书包里拿出书本时，装钱的信封还在。"我让他们两个先去吃饭，我抓紧时间调查。午休时间，我先后找了几个同学谈话，只有坐在杜琪亮后三排的一个女生说，她曾看到梁宇泽好像用手往杜琪亮抽屉里推什么东西。我心想，刚才梁宇泽不是陪杜琪亮来"报案"了吗？怎么可能呢？一个小学生就有这么"好"的心理素质？

当天调查没有结果，我就向与杜琪亮一起上下学的同学以及梁宇泽的家长，通报了班上同学丢钱的事，希望家长从侧面帮忙摸一摸情况，但不要逼迫小孩。第二天，梁宇泽的爸爸打来电话，他那充满焦急和无奈的语气证实了我的猜想。果然，梁宇泽向父亲承认自己拿了同桌的钱。我和梁宇泽家长商定，分头对小孩进行教育，并承诺在班级为他保守这个“秘密”。

◆简析与研判

梁宇泽拿了同桌的钱，还主动陪着去找老师“报案”，是侥幸心理作怪，其目的是转移视线。这可能是受电影、电视剧中相关情节的误导。老师处理类似事件，除了为学生保守“秘密”，维护其自尊之外，还应该有相应的措施，引导学生从影视作品中汲取积极的营养，防止其盲目模仿，滋生侥幸心理，最终害人害己。

◆教育措施

已用措施：及时分析，调查摸清情况，内紧外松，电话联系家长协助调查。与涉事学生家长协商形成一致意见，分开对该生进行教育，同时为其保守“秘密”，维护其自尊。与该生个别谈话讲清道理，指出问题的严重性，要求不得再犯同样错误，老师兑现承诺，更加关注和关心该生的教育与引导工作。(效果：很好)

拟用措施：采取缓兵之计，在班级提出期限，启发涉事学生自己主动找老师，或让涉事学生选择更隐蔽方式退还钱款。对于自觉认识错误、敢于纠正错误的学生不点名并予以肯定，引导班级同学学习其知错就改的品行。个别谈话，通过具体的案例引导涉事学生树立正确的金钱观，有困难向老师或家长寻求帮助。

与涉事学生家长深度交流，了解小孩消费情况，建议家长合理提供零花钱。建议部分有兴趣的家长，给小孩安排“有偿家务”，视其劳动给予一定的零花钱，使其尊重劳动，珍惜劳动果实。提醒和引导学生观看电影、电视作品时，要吸收正面的营养，防止盲目模仿其情节。

禁 忌：当即采取搜身、搜包等行动，给全班学生留下老师不信任学生的印象；致使被查出的学生下不了台，伤了自尊。言而无信，答应保守“秘密”，却泄露出去，失信于学生，致其留下心理阴影，“这个世界上没有可信赖的人”。以加强跟踪教育为由，揪住该生的过失不放，经常提起该生过去的错误，使其抬不起头。

谎言误导家长大闹课堂

案例撰写：刘红霞，湖北省洪湖市小学教师

四月下旬的一个星期二，天气晴朗，气温舒适宜人，同学们早早地来到学校。早读课开始，教室里书声琅琅。我照例来到教室，检查学生的家庭作业，同时也了解班级考勤的情况。

突然间，班上袁宏业的妈妈怒气冲冲地闯进教室，毫无顾忌地骂起来了："哪个姓孟的，把老子儿子的铅笔盒拿去弄坏了？你乖乖地给老子赔……"听到这位妈妈的吼声，正在专心朗读的学生惊愕地抬起头，目光一下子聚焦在袁宏业妈妈的身上，教室里一片安静。我立马走上前去，拉住袁宏业妈妈的手说："宏业妈妈，什么情况？您先跟我反映好吗？"可是这位家长对我毫不理会，依旧大声嚷着。我看着袁宏业，他低着头，一副手足无措的样子。

稍过片刻，袁宏业的妈妈发泄完后，情绪略有缓和。我告诉她马上调查清楚铅笔盒的事情。根据她在吼叫中提到的学生姓氏，我将袁宏业、孟晨毫、吕小齐一起叫到教室外面。我先对袁宏业说："你先说说笔盒是怎么回事？"袁宏业脸涨得通红，一声不吭。我又让孟晨毫说。孟晨毫讲："昨天上数学课，袁宏业老是玩他的新铅笔盒，还弄出声音。数学老师提醒几次，他都不理。老师就收了他的铅笔盒，把它放在讲台上。"吕小齐接着说："下课后，袁宏业趴在课桌上，生闷气。等老师走了以后，我看见孟晨毫把铅笔盒放到讲台的抽屉里了。”听到这里，我便问袁宏业：“是这样吗?”他小声说：“是。”“那你为什么告诉你妈妈说是姓孟的同学拿走了你的铅笔盒呢?”“我怕妈妈批评我，就没有说实话。”袁宏业低声说道。我回到教室，在讲台的抽屉里找到了铅笔盒并递给了袁宏业。刚才还气势汹汹的妈妈目睹了事情的真相，顿时哑口无言。她转身又骂自己的儿子，并狠狠地甩了儿子一耳光，扬长而去。

◆简析与研判

围绕一个铅笔盒，发生了连环故事：学生上课玩弄铅笔盒，学生回家当家长面说谎，家长大闹课堂，学生目睹家长吼叫，家长得知真相体罚小孩等。每一个环节点，都与学生的教育引导工作相关，对学生和家长不当的言行要纠正，对所产生的负面影响要在学生中消除，这就是找到真相后老师所要面对的后续工作。

◆教育措施

已用措施：及时妥善处置现场，调查情况，还原真相，劝慰家长，稳定学生情绪。利用晨会课，让学生谈谈对此事的看法，让小朋友学会观察并表达自己的看法，老师点评，澄清学生可能产生的糊涂认识。重点要求学生无论对错，都要对家长和老师讲实话，同时对说实话的学生给予表扬。(效果：很好)

拟用措施：事后抓紧进行家访，解除家长心中的疙瘩，提醒家长多关注孩子的言行，遇事冷静处理，有问题随时可以找老师。明确告诉家长体罚小孩的坏处，尤其是在小孩出错后进行体罚，有可能直接迫使小孩说谎。引导学生分辨是非，消除家长闯入课堂的负面影响，告诉学生有问题可以随时找老师寻求帮助。

再次在班级强调上课要认真听讲，不能做小动作。组织学生讨论什么样的学生才是乖孩子，引导学生从小事做起，培养良好的行为习惯。利用家长会，指导家长改进家庭教育方式，常与孩子真诚交流，同时建议家长为学生提供简洁实用的学习用品，避免因学习用品过于时髦而分散学生的注意力。建议学校加强安全管理，防止无关人员随便进入校园。

禁 忌：与家长对抗、发生争执，“不就是一个笔盒，值得你当着全班孩子的面叫嚷吗?”找出真相后，对不说实话的学生公开严厉指责，“就你一句谎言，把班上的早读课全部搅乱了。这么小就编瞎话”。误以为家长闹课堂是小事一桩，不采取后续措施对学生进行正面的引导。

第二编 学习进取

学生恶作剧通常是乘人不备，以取笑、作弄、打闹等方式骚扰同学，甚至模仿影视或现实中的反面典型，危害他人身心健康，任其发展后果堪忧。

在教育教学过程中，对学生的表现要时刻留个心眼，不能鲁莽地下结论或行事，尽量做到公平。老师的一个眼神、一句话语、一个动作，可能帮助学生解开心结，也可能导致学生在心理上形成郁结。

孩子成绩不理想，往往被误认为是“记不住”惹的祸，有的过早地判断其“不是读书的料”“脑子不好”等。不恰当地质疑孩子的学习能力，会对其心理带来诸多负面的压力和影响，致其丧失学习积极性和学习兴趣，给进一步学习增添更多的困难。

用篮球培养出学习兴趣

案例撰写：杨波，武汉市硚口区初中教师

刚进入初中时，汪勇同学表现出较强的学习能力，成绩较突出。他长个比较早，喜欢打篮球。科任老师和同学都很喜欢他，所以他自己也比较自豪。但是，他的学习习惯不是很好，性情暴躁易怒。

随着课业的逐步增多，难度增大，汪勇因学习习惯不好，难以适应，成绩逐步落后了。暴躁的脾气致使其有些自暴自弃。他上课开小差，打盹睡觉，不遵守纪律，课后与社会青年接触，邀约一起打篮球，有时还一起吸烟、打架，不听从老师劝告，不接受同学帮助，成为全校比较“有名”的学生。班主任多次找汪勇谈心，但处于叛逆期的他，很难听得进去。家长对孩子的变化不知所措。

一天下午，汪勇在语文课上睡觉，老师多次提醒他认真听讲，但他仍置若罔闻，并说：“老师，我打篮球累了。您就让我休息一下吧！”此后，还经常在课堂上讲小话，严重影响课堂教学。有一次课，他以上厕所为由，在厕所偷偷吸烟，被老师逮个正着。班主任请来家长，对他进行批评教育，他口头上表示悔改。已是放学时间，老师让汪勇跟家长一起回家，而汪勇却找理由让家长先走，并说自己等会就回去。家长在家等到很晚不见儿子回来，四处寻找，直到深夜才在网吧将其找回。

◆简析与研判

汪勇学习成绩下降，表面上看主要是学习习惯不好所致，但真正的原因是其学习兴趣不高而没有对学习活动保持高度的注意。该生课堂内外的一些非正常行为，是其兴趣开始转移或出现偏差的一些重要表现。激发学生保持探索知识技能的大脑皮质兴奋与注意力，比单纯的培养学习习惯显得更为重要。

◆教育措施

已用措施：分析并指出汪勇成绩下降的真实原因。班主任以其喜欢打篮球为切入点，与体育老师配合，鼓励他加入校篮球队，参加训练。班主任帮其制订学习计划并提出具体要求，约法三章，包括适当的惩罚性措施，如减少篮球训练次数、比赛不能上场、只能当“板凳”队员等。(效果：很好)

拟用措施：班主任以诚意和耐心帮助该生纠正不良学习习惯，指出接触社会青年，与他们一起吸烟、打架等行为的危害性，如直接导致不能完成学业等。用身边先进的人和事对其进行励志教育，给予更多的鼓励，提升学习信心。让科任教师多关注和鼓励他，安排同学与其结对并提供学习上的帮助。

客观指出该生学习习惯和行为举止方面的问题。结合其家庭生活实际，让他体会到父母工作的辛苦、劳动的艰辛、生活的不易，学会感恩，激发和提升其学习兴趣。引导其自我约束，制订学习计划，合理安排学习和运动，纠正不良习惯。鼓励其发挥篮球特长，以体育拼搏精神促进课业学习。

禁 忌：用硬碰硬的做法，把老师的想法强加给学生。简单地谈心和批评，甚至大事小事都请家长。制止该生打篮球，并威胁“什么时候把成绩搞上来了再去打球”。由班主任没收篮球，并指派学生干部“盯梢”。考虑该生是“有名”学生，把矛盾交给校长处理。

赢得了英语学习自主权

案例撰写：黄岚，武汉市汉阳区中学教师

开学后，我接手教八（2）班英语。该班英语相对其他学科为弱势学科，大大拖了总分后腿。张志坚同学英语成绩没有达标，但我看他不太作声，还很听话，有潜力可挖。因此，我就对他要求较高，要求他每天在我面前背书。坚持了一段时间后，他的成绩有所进步。

但在一次月考中，他没考好，我对他进行了严厉的批评。张志坚似乎情绪低落，从此不肯到我面前读书、背书。我找到他交流时，没想到这个大男孩竟然在我面前哭起来了，还打开话匣子，吐露了我从来没预料的心声："说实话，你刚教我的时候，我觉得你太严厉，恨死你了，现在觉得你还可以。但是我认为英语天天背没有用，决定不再背书。"我惊呆了，我心目中老实本分的学生，竟然会有这种极端想法！按常规向他讲了一大堆道理，他只保证还是会学英语，但绝不背书。面对倔强、心理承受能力差的他，我担心如果再逼迫下去，容易发生意外，我不得不放弃让他继续背书的想法，但提出了一些其他的学习要求，还定了个"君子协议"。

随后的一个多月，他用我们达成共识的方式学习英语。即使我让其他的同学在教室背单词、背课文，没有要求他留下，他仍然坚持在教室里自学。等我检查完其他同学的背诵情况后，他才离开教室。期末时，他的成绩果然达标，我问他有何愿望，他回答说："老师，我的愿望是希望您继续教我们。"我又一次惊呆了！

◆简析与研判

张志坚同学对英语老师的态度几经反复，最终予以高度认可。究其原因，学生经受小小挫折后，毅力不强，但又在进步过程中，真正感悟到自己其实在老师心目中很重要。教师的一句话可能成为学生追求的信念，一次偶然的提示可能极大地激发学生的学习兴趣，关键时刻就看老师如何引导。

◆教育措施

已用措施：通过谈心，加强与学生的心灵沟通，对学生心理问题进行疏导。采用激励性措施，成绩提升后可满足其愿望。改变过去“盯人”式的督促方式，以学习目标（期末考试达标）为引导，将选择学习方式方法的权利归还给学生。课内课外继续关注该生的英语学习。(效果：很好)

拟用措施：与家长取得联系，告知家长学生学情，让家长配合老师教育学生，主要是转变其学习态度。安排班组干部（如学习委员）联系该生结对练习，同时劝其改变对老师的敌（仇）视想法。课堂上给该生一些“跳起来摘桃子”的练习或表现机会。

抓住该生对英语有兴趣并有潜力的特点，一起分析月考结果不满意的原因。在该生不愿背书期间，加强对该生书面作业的关注。若条件许可，可让该生使用一个抄本，记录课余学习情况，每周送给老师批阅，起到纠错、督促、检查的作用。适时给予适当的鼓励。

禁 忌：忽视学生个人意愿，仍然坚持要学生像过去一样背书。听到学生过激言辞，恼羞成怒，严厉指责。用言语刺激学生，“老师要你背英语是为你好”，“刚刚有点进步就打退堂鼓，没出息”，“不听老师的建议，能学好英语就怪了”。对学生家长要么不联系，要么就是告状。

从恶作剧到成绩优异

案例撰写：曾发启，湖北省谷城县中学教师

当时，我担任八（1）班的数学老师，班上转来了一个名叫邢程宜的男生。这孩子非常聪慧，转学时的学习成绩也不错，但行为习惯特差，在原来的学校经常惹是生非，老师和家长总是跟在他后面给他人赔礼道歉。

邢程宜的父亲是乡镇的主要领导，家庭环境优越，他从小就很受宠爱。周围人都以他为中心，事事顺着，因此他受不了一点批评。刚转入时，课堂上发言积极，思维活跃，不久之后的期中考试总成绩位列班级第二。

随着对新校环境的熟悉，邢程宜明显不再“憋屈”自己，胆子变得大起来，不良习惯开始显现。课堂上爱哗众取宠，在很多老师的课堂上喜欢恶作剧，严重影响课堂秩序，受到老师批评也不见好转。后来他变本加厉故意捣乱，趁老师不在时经常掀翻讲桌；路过别班教室门口时习惯性地猛踢教室门，然后一溜烟不见了；趁别人上厕所时将鞭炮丢入便池。

有一次，他学电视剧中的镜头，竟然用布袋套住同学的脑袋，伙同几个伙伴把这个同学打倒在厕所地面上。老师与其谈话，他不以为然，还说“就是想闹闹玩玩”。“难道不觉得闹得过了一点吗？”“我是想学习电视情节，还真好玩。”校长、班级其他老师讨论后一致认为应劝其转学。但是，无论转到哪个学校去，还是得以教育为主帮助他呀。就这样，我力排众议、顶住压力将邢程宜留下来了。他在初三下学期出现了很大的转变，成绩大幅度提升，以优异成绩考入市第四中学。

◆简析与研判

学生恶作剧通常是乘人不备，以取笑、作弄、打闹等方式骚扰同学，甚至模仿影视或现实中的反面典型，危害他人身心健康，任其发展后果堪忧。幸好邢程宜所在的学校最终没有选择放弃他，耐心的老师也设法走入其心灵，成功促其健康成长。

◆教育措施

已用措施：试着走入他的心里，与他交心、做朋友，甚至与他一块去公园散步、聊天、下棋、打球。以运动项目为例，讨论交流团队协作的重要性；陪其郊游，探讨大自然和谐之美。召开班会讨论邢程宜的优点，予以鼓励。开展班队集体活动，讨论其争取集体荣誉尚存的不足，感悟个人对集体荣誉的影响和责任。（效果：很好）

拟用措施：对学生反复提醒恶作剧玩得“过火”就是对他人的伤害。在班级开展普及法律知识教育，请当地派出所或法制副校长到班级讲课，告知乘人不备的恶作剧造成的严重后果也须承担法律责任。同时，提醒全班同学对常恶作剧的同学要有提防意识，但不能以恶惩恶。

与家长交流沟通，剖析深层原因，建议家长采取措施培养学生独立生活的能力，例如分配一定的家务活，洗袜子、洗碗等，扭转过度关注小孩的现象。建议其父发挥行为榜样作用，挤出时间用言行教育孩子，并表明父亲对儿子的要求与期盼。随时关注学生行为习惯的变化，适时肯定并逐步提高要求。

禁　忌：逮住一次恶作剧，严厉批评不休，甚至体罚等。在劝同学增强提防意识时，提示或暗示班级同学疏远、孤立喜欢恶作剧的同学，“缠不赢他，同学们就离他远远的”。看不到该生的任何优点，当面指责其家庭教育是失败的。坚持要家长将该生转到其他学校就读。

读书多少与能否赚钱

案例撰写：张金霞，湖北省红安县中学教师

八（1）班张顺，家住镇上，离学校很近，有个小妹妹，父母利用自家门面经营渔具店，家境在当地算很不错，家庭关系比较和谐。可是在学校，张顺就像变了一个人。他在七年级时上课表现差，还嫌英语老师不该用言语刺激他，与老师起过一次冲突，甚至还动了手。八年级我刚接过这个班教语文，第一次见张顺就记住了他。在课堂上他坐不住、嘴不停，总是不按常规回答问题，搅得课堂不得安宁。上《老王》这一课时，我提了这样一个问题："如果是你，对于老王这样一个弱者，你会怎样帮他？"张顺抢先举手，说："老师，如果是我，我就给他说个媳妇！"引得同学们哄堂大笑。后来他告诉我，那天本来是想在同学面前给我这个新来的女老师一个下马威，结果我没有中招。

八年级下学期，孩子们更加浮躁，班级更难管，成绩普遍下滑。张顺在课堂上总想睡觉，你不让他睡吧，他就捣乱。我看在眼里，急在心里。我有感而发，利用下课前几分钟提醒学生，马上就要升入九年级了，该想一想怎么办了。突然，我就听到了张顺的声音，"没想过！"我马上话锋一转："张顺，像你现在这样，什么都不学，大脑一片空白，以后怎么办？"他马上就回答我了："老师，你有好好读书，可是你不也就混成现在这样吗？我有个表哥，初中没毕业，现在混得很好的！"他又达到了他的目的，班上孩子开始起哄。当时我一时语塞……

◆简析与研判

“赚到钱的不一定是读书好的，读书好的不一定赚得到钱。”这是部分在课堂起哄、厌学弃学的学生自己观察社会的发现，也是新“读书无用论”思潮的反映。面对老师的教诲，学生可列举出实例予以佐证反驳。对教育的偏见，其实还是受教育不到位造成的。教育是什么，这个可谓是仁者见仁、智者见智的问题，年幼的中小学生是难以理解把握的。然而作为中小学老师，我们必须反复告诫学生甚至灌输，人的一生不可以不学习，而在校就读是受教育的一个极其重要途径。

◆教育措施

已用措施：顺势与张顺交流沟通，减缓其对学习的抵触情绪。对学生在课堂上的反常表现，如哗众取宠回答问题等，尽量克制宽容，避免正面冲突。对于该讲的道理，如读书在人生成长中的重要性等，不厌其烦地反复讲，甚至可以与学生个别展开讨论。建议校长采取措施，在全校营造更加浓厚的学习氛围。(效果：很好)

拟用措施：先发现培养几个学习兴趣浓厚的学生，然后发起如读书竞赛、讲故事、小科技、小制作等活动，帮其体验学习的乐趣。请张顺的表哥等到学校交流，谈他们对学习的体会和感悟，引导学生认识教育的重要性。亦可找出反面典型案例，作为前车之鉴。

根据张顺课堂反应敏捷的特点，适时给予肯定。进一步细致观察该生，找出其闪光点，与其个别谈话，正面引导，激发学习热情。在该生表现有起伏时，嘱其向班级和校内品学兼优的同学学习，持之以恒努力学习。

禁 忌：课堂上逮住闹事的学生，严肃批评，不顾风险与学生发生争吵，分个高低。鉴于此类学生在班上有一定的“市场”，多一事不如少一事，能不管的尽量不管，少惹麻烦。班主任及科任老师看法不一，行动各异。几经教育开导不见效，逐步失去耐心和信心。

练写小字获得自信

案例撰写：胡建新，武汉市黄陂区中学教师

冯凯是一名七年级男生，戴着一副黑边框眼镜，头发有点长，瘦高个儿，成绩一般，非常腼腆。在人面前他不苟言笑，上课不怎么看黑板，不主动举手发言，总是低头回答老师提问，声音不大，脸蛋涨得绯红。下课除了上厕所外，总是静静地在座位上发呆。有次大课间休息，我说："冯凯，快去跟同学们一起活动活动！"他冲我勉强笑一下，仍坐着不动。节假日，爷爷叫他一起去走亲访友，他都不去，待在家看电视、玩手机。

冯凯 6 岁时，父母离异，长期由爷爷监护，性格孤僻内向，平时沉默少语。一旦发怒，同学也怕他。去年冬季，他把手机放在床上出门打水，一位同学拿来想玩玩。冯凯回头看见当即吼起来："你是不是找死！快放回去，要不……"

我利用查男生宿舍的机会，与冯凯接触更多一些。有一次我问他："冯凯，对初中几年有什么打算？""我能有什么打算。"这次不错，还回了一句话，但是他满脸迷茫。随着嘘寒问暖多起来，他对我有点亲近感。后来，根据学科教学要求，安排学生每天练小字，我就要求冯凯次日收齐交给我批改。

有一次，冯凯的笔画书写认真，我就激励性地给了"A"。冯凯拿到练字本的时候，我发现他惊喜的眼神，他还拿起练字本和同学交流起来。他的字越写越好，而且还逐渐有意识地追求书写的风格。在一次书法比赛中，获得班级第一名。冯凯的学习开始进步了，还能经常主动打扫卫生，热心帮助同学，承担班级事务，逐步融入班集体。

◆简析与研判

因家庭环境所致，有的学生羞于与他人交往交流，以为自己一无是处、毫无价值可言，甚至怀疑自己的能力和潜能，对学习与社会交往等缺乏信心，从而陷入自卑的恶性循环之中。在中小学生心理仍未完全成熟阶段，家校联合采取针对性措施，完全可以促其转变，增强其自信，逐步培养其社会责任感。

◆教育措施

已用措施：在课余经常有意无意地找冯凯谈心，让其帮老师拿作业、发作业本，上课时从不点名批评他。以鼓励为主，发现进步及时表扬，经常对同学说："看，冯凯今天回答得很好！""冯凯的书法作品写得越来越好了。"让班上同学看到其进步，并视其为集体一员，打开其封闭的心扉。发现该生爱书法的优点，加强指导并促其坚持练习，推荐参赛并获奖，提升信心。(效果：很好)

拟用措施：在每周的组长轮换中，动员同学推荐冯凯为小组长。利用他认真、细致的特点，每天的作业本由他按照顺序收发；对于背诵和默写有困难的同学，引导他及时督促。在班会上表扬其组长工作，要求其他小组长向他学习，帮其渐渐树立自信。鼓励其热心参与班级事务，频繁接触同学，提高交往能力，消除自卑。

建议家长在亲朋中沟通，找机会直接邀请小孩做客（最好是从家里有同龄孩子的家庭开始试起）。亦可动员家长适当请亲朋（邻居）到自己家串门，让小孩为客人端茶倒水，学会与客人交流。给该生推荐几本励志的书，或讲讲逆境中发展为成功人士的故事，帮其对未来建立信心，学会思考和规划个人发展目标。

禁 忌：当小孩在家不愿接触人时，家长当面数落，“这么大了还不开窍，再笨也该教会了”。老师只发现问题，不采取任何针对性措施，以为这个“闷葫芦”怎么也不会张开嘴。把教育该生当成一个既定的程序，出现问题，就是一阵严厉批评，“你平时闷着不出声也罢，为什么发怒就那么大的声音呢？在你身上找一点优点还真难”。

抽查作业促进学习

案例撰写：王琛，湖北省松滋市中学教师

快到期末了。早自习时，我把班级分小组背诵课文记载表拿过来做统计，发现李小虎背诵得相当好，出乎意料。李小虎性格偏内向，不怎么爱说话，成绩也是靠后。我请来班长（兼任他们小组的组长）询问情况。班长说，李小虎不是在她那儿背诵的，他是找另外一个成绩不错的男生背诵的课文。我感到一点点不放心，就让组长再去抽查李小虎的背诵。一会儿，组长过来说李小虎拒绝背诵。我有点生气，瞥见李小虎一脸别扭地坐在位置上，没理睬他。快下课了，我说："刚才，我查看了背诵情况，下节课将在全班抽查，请以下同学做好准备，李小虎……"一向腼腆的李小虎突然站起来并大喊："我就是成绩差，我就是个坏学生，我背诵的课文全都是包庇的……"全班安静了、惊呆了！

课后我找李小虎谈心。起初，他一直有抵触情绪，我便用平和的语调跟他聊。最后他才说，此前的单词听写没弄好，心情差，接着又感到老师不信任他、歧视他，感觉受到了羞辱。我对抽查安排进行了解释，接着又谈到学习上的情况。这才知道李小虎平时受到周围成绩好的同学的排挤。原来，委屈和压抑一直困扰着他。我们的谈话持续了二十多分钟，李小虎的情绪在谈话中渐渐缓和平静。随后的一节课上，在同学们各种目光的注视下，我依旧点李小虎背诵了一篇课文，他很配合地完成了。

◆简析与研判

但凡当老师，都会抽查学生的学习情况。令人想不到的是，学生会将例行抽查与信任、歧视、羞辱联系在一起。这提醒我们教师在教育教学过程中，对学生的表现要时刻留个心眼，不能鲁莽地下结论或行事，尽量做到公平。老师的一个眼神、一句话语、一个动作，可能帮助学生解开心结，也可能导致学生在心理上形成郁结。

◆教育措施

已用措施：对在课堂上学生情绪失控现场做冷处理，课后及时了解原委，及时疏通。进一步解释背诵抽查是正常的教学安排，并非针对一两个学生，而且提前预告了抽查对象，不是“突然袭击”整人。了解学生心结后，引导学生排除周围不利因素的干扰，专心提高学业水平，充分肯定学生接受点名抽查及良好的配合等。(效果：很好)

拟用措施：结合老师自己在学生时代的境遇，推心置腹地与学生交谈，劝其不要在意或揣摩周围同学的眼光，做好自己该做的事。适当加强对该生学习方法的指导和课业的辅导，帮其提升学习信心。特许该生可直接找他信任的好朋友检查课文背诵，完成后直接让小组长记载即可。

与班主任和学生家长进一步沟通交流，从而帮助学生走出自卑、压抑的心理阴影。组织动员班级部分优秀学生通过交流活动等，尽量接近该同学，真诚与之成为好伙伴，坦诚相待。请同学们提出建议，讨论抽查作业该采用什么方式，才能做到既公平公正，又促进学习。

禁 忌：在课堂上当面呵斥，“不就是抽查你背诵吗？你要是心不虚，还怕什么抽查呀!”将课堂上发生的事告诉家长，并要求家长严加管教，借家长之力给小孩施压，进一步加深师生之间的隔阂。课堂上发生问题后，刻意冷落学生，不及时进行疏通开导，“你不愿意背诵，我还不想查呢!”

第一次课后就不做作业

案例撰写：王光辉，湖北省谷城县中学教师

秋季开学后，我在七（3）班第一次数学课上布置了家庭作业。第二天早上，我发现有四个男生没按时交作业。上午批改作业时，又发现有几个同学虽然交了作业，但并没有做完。“首战”不利，我当即与班主任商定，中午把这几个同学都留下来，了解他们的学习情况，再问清楚没完成作业的原因。学生的回答简单而一致：“不会做，又没有可抄的答案。”“家长也不会辅导。”听到这样的回答，我深感无奈，当即进行辅导，督促他们完成了一部分作业。

下午放学后，我又接着辅导，希望他们尽量多做一点。但是他们并不认真专心听讲，总想相互看答案。从班上其他同学那里我也了解到，这几个学生在小学时也经常不完成作业，即使做了也是互相照抄，或拿学习好的同学的作业抄一抄上交，其实并没有真正学会知识。

我逐个联系上家长，有的单亲家长长年在外地打工，只是寄点钱回家，负责监护的爷爷奶奶最好的管理办法就是“无为而治”。有的父亲长年外出务工，母亲和孩子留守，通常还有一个更小的孩子要照顾，而大一点的孩子自觉性差。还有的父母都在家，做点小生意，没时间管理小孩的学习，甚至还要小孩放学后和节假日帮父母干活。

在以后的教育教学中，我经常在放学后抽一点时间，辅导这几个学生，一起分析题目或讲解提示，同时也不停地开导，进行思想教育，希望他们能提升成绩。但是，他们对学习并不太在意，他们聊得最多的是网络游戏、手机游戏，谁谁玩得最好，过了多少关等。不过单元检测后，他们也互相看分数、比成绩。如果比别人多了几分也很开心，老师上课提问如果答对了，课下会高兴地笑啊跳啊，会抢着分发作业本，抢着发卷子或擦黑板……

◆简析与研判

大多数成绩不理想的学生，都与其求知欲不强、兴趣不浓或信心不足等有关，说到底是一个“为什么要学”的问题没有完全弄明白。因此，提高学生的学习成绩，除了解决好学习方法的问题外，最关键的是要解决好学习动机问题，有动机、有目标、有兴趣，就会增强学习的自觉性和积极性，成绩的提升也会进一步增强其学习信心。家长和老师适时引导、鼓励，必不可少。

◆教育措施

已用措施：作为权宜之计，坚持课后课业辅导，提高学习成绩，增强信心。分别谈话，阐明学校教育、学习基础知识、养成好的学习习惯对青少年成长与发展的重要作用，引导学生将兴奋点从“游戏玩耍”转向知识学习。传授一些基本的学习方法，协调各科任教师鼓励学生不懂就问，同时及时肯定学生学习上的进步。(效果：一般)

拟用措施：课内课外更多关注成绩暂时不理想的学生，并通过各种活动，肯定其优点，使其得到同学认可。各科任老师量体裁衣为学生制定短期易达到的学习目标，定期小结，逐步提高要求。物色家长到学校给学生讲讲读书的重要性，谈谈走向社会后知识与个人发展的密切关系。

组织班级同学展示各自的优点和能力等，进一步放大现有优点，培养学生的学习和生活能力，让学生学会在集体中自律、自觉，并稳步提高。

逐个联系家长，从家长角度对小孩提出希望和学习目标等要求，激励其追求上进、崇尚知识。推荐一些励志故事书，或在班级播放一些励志短片，并组织班会进行讨论。

禁 忌：单纯说教，恶言训斥，轻视贬低，漠不关心，伤害自尊，“你们几个怎么这样蠢，这么简单的问题，再笨也该会了”。知难即退，教育引导或课业辅导短期不见明显效果时，缺乏耐心而放弃。老办法不起作用，不愿意尝试更好或更新的办法。

给我机会还老师一个惊喜

案例撰写：朱丽娜，湖北省红安县小学教师

《语文》一年级下册的语文园地五安排有“26个字母”的学习任务。26个字母的大小写，对于一年级的学生来说，确实很难掌握。于是，过了三个星期，我才安排第一次默写。

葛田林和李煌同学拿出书来看，我发现后，没收了他们的默写本。葛田林既难过又气愤，趴在桌子上，似乎在埋怨不该揭穿他的“小把戏”。我严厉地说：“第一次默写，老师不期待你们全对，但默写不是抄写，弄清楚没有？你们用抄写当默写，老师十分生气，希望你们改掉这种不诚实的行为。”我看看葛田林，他仍趴在桌上，似乎不好意思抬头。

我实在不想伤害葛田林，因为他是班上最特殊的孩子。他调皮、好动、聪明、机灵，但性子急躁、易哭，爱耍小聪明。他小时候因患唇裂，做过几次手术，爷爷奶奶对他宠爱过度，造就了他的这种性格。我话锋一转：“葛田林、李煌拿书抄袭，是想写出更多的字母，让老师高兴。下次默写继续努力吧。”我刚说完，他立刻抬起头，端端正正坐好了。

第二次默写，规定5分钟完成。还没到时间，已有学生写完了。时间一到，我要求全班都交本子。万万没想到，葛田林竟然坐在地上大声哭喊起来：“我还有两个字母没写完。”这情景把我吓坏了，我连忙上前劝说，他竟一动不动。当时我灵机一动，说：“同学们，你们看看，葛田林只剩下两个字母没写，会急得痛哭，你们会吗？”

第二天，安排第三次默写。令我惊喜的是，3 分钟之后，葛田林就交来了默写本，而且一个字母都没写错。

◆简析与研判

学生参加三次默写，从违反规矩抄写，到速度不快不能按时完成，再到提前准确完成任务，是学习上的进步，更是学习行为习惯上的变化。老师要善于处理和驾驭低年级课堂上的突发情况，准确把握学生学习动机简单、易受挫折、喜好赞赏等特点，指出问题、容忍错误，传授方法、严格训练，引导学生逐步养成良好的学习和行为习惯。

◆教育措施

已用措施：发现学生默写时看课本，及时指出其错误，明确表明老师合理的期望值，体现出对学生的包容。针对学生内心脆弱、个性好强的特点，利用激励法，当着班级“解释”学生看课本的动机是想多写一些字母，为学生保住自尊。正面肯定第二次默写时的进步，因没有完成默写而“哭闹”不是怨恨时间太快，而是悔恨剩余两个没写完，帮其找出闪光点。(效果：很好)

拟用措施：找个别学生交流，介绍学校对独立完成作业、默写字母或课文、单元测试等有要求和规矩，学生应该严格遵守。学生默写成绩有所提高后，激励其继续努力，在下一次的默写中写出满分的好成绩，使其有努力的目标。单独给两个学生安排一次辅导，帮助他们训练默写，提高学习能力和成绩。

在第一次默写后，安排没有完成的所有同学再写一次，给予补救机会和及时鼓励。充分考虑葛田林的治疗经历和性格特征，肯定其坚强和不怕苦的优点，引导和激励其将此优点迁移到学习中来。与家长联系，随着小孩的成长，不要过多宠爱，家庭的教育理念和方式要与学校保持一致，配合老师的教育引导。

禁 忌：学生出现问题时，责骂学生，并挖苦，“默写字母，不是抄字母，长耳朵没有？”把学生当反面教材，或是归为“另类”，忽视他的情感体验。对课堂上哭闹、坐地打滚的学生，进行恐吓，“再闹就让家长把你领回去，这又不是在你家里，撒什么娇？”认为不会默写是练习少了，罚每个学生抄写字母 100 遍。

家长来信赞学生意外进步

案例撰写：余双双，河南省信阳市中学教师

开学初，我收到了七（15）班岳新镇同学家长给我的一封信。“在上学期结束前的家长会上，我们家长非常欣赏您倡导和采用的教育理念和教学方法，也非常感谢学校为学生健康成长创造了有利环境。特别是您这位语文老师兼班主任，言传身教……”看到这些好话，我有些不自在，但我还是耐着性子继续往下读。“我们家新镇，在一岁至三岁时做过两次大手术，是个从死神手里夺回的孩子。故而我们一直纵容他，致使他学习成绩不理想。”读到此处，我心疼了！岳新镇基础差的原因找到了。此刻，岳新镇在校的一幕幕不断在我脑海浮现。

岳新镇体弱瘦小，在学校寄宿，上课总想说小话，动辄就哭。我曾真心不喜欢他，并非因为他成绩差，而是一次考试后的谈话。当时，我约了七八个孩子，我小心翼翼地说：“你们一个个说说自己学习上的弱项，存在什么困难，需要老师怎么帮忙。”有个学生说：“数学，英语。”一个个尽管胆怯，但都找出了问题所在。岳新镇拖到最后，还没开口就哭了。我心里很烦，语气稍重地说：“男子汉，还没说，哭什么？”另外，我查阅他的日记，发现他总是在抱怨同桌自私、班干部不负责任诸如此类。这更加重了我的“厌恶感”。对岳新镇，我一直按通常的学生看待，不曾歧视过，但也缺乏特殊的情感。

“新镇从小学起写作文提笔写不出几个字……在您的教导和帮助下，如今他会收集古诗词、精彩语句等重点知识，成绩提高了，兴趣也浓厚了。”读到这里，我内心一颤，原来我的任何举动都会影响孩子。

◆简析与研判

家长在信中用孩子的进步，肯定老师的教育教学办法，强调老师对学习有困难的学生不仅不歧视，还认真听取意见和要求，增强了学生的自信。来信引发老师反思，原以为所作所为本是职责所在，而学生在无形之中取得了进步、收获了喜悦，进而增强了老师真情投入的自觉性。

◆教育措施

已用措施：平等对待每一个学生，不歧视有学习困难的学生，改进教学方法，激发学生的学习兴趣和积极性。真诚听取学习成绩暂时落后的学生在学习上的想法和对老师的要求，并加强对这些学生的个别辅导。结合语文学习的特点，要求并指导学生坚持写日记，学会观察生活，记录观察内容，敞开心扉谈看法和感觉，提高表达能力。(效果：很好)

拟用措施：了解分析岳新镇平日胆怯及学习基础较差的原因，加强个别交流，鼓励其在课堂积极发言，提升自信心。与该生协商制订语文学习计划，增强辅导的针对性，并提出具体可行的努力目标。通过日记了解学生的思想和心理状态，及时鼓励该生认知和表达能力方面的进步，引导其排除偏见，减少被外部环境的干扰。

与家长沟通，针对“纵容”的家教，提出改进家庭教育的建议。将该生在日记中的抱怨，转换成语文学习资源，引导其对事不对人，围绕“自私”“不负责任”等拓展情景，深入分析成因、危害等，提高其逻辑思维能力和表述的准确性。增强与该生的个别接触，并促进其与班级同学的交往，使其感受到师生情谊和同学情谊。

禁 忌：面对有学习困难的学生，教育时不注意方式方法，“就是你们几个拖了全班的后腿”，语气中充满怨气。指责家长纵容孩子，“你们这样教育孩子，老师也无回天之力”，伤害学生和家长的自尊，致其失去信心。对该生不管不问，放任自流，“反正他就这样了”。忽视学生的微小进步，缺乏及时的鼓励。

比疲惫补习更有效的方法

案例撰写：冯青兰，武汉市东湖生态旅游风景区小学教师

二（3）班男生江宇同学，属于测试成绩稍微差一点的类型。其实，江宇是个非常聪明灵活的小孩，照我看来，他的成绩略显落后，主要是家长疏于教育管教和过度宠爱所致。他上课不怎么听讲，回家复习功课也是对付。学校曾建议爸爸妈妈在家多陪陪孩子，与小孩一起看书、讨论问题。家长还能采纳学校的建议，但因工作等多方面原因不能坚持，只能做到间断性的辅导，有时候甚至让孩子自己完成，小孩的学习效果并没有明显的改善。

眼看小孩到了二年级，成绩都没冒尖，父母急了，专门跑到学校，很认真地恳请我抽出课余的时间给江宇补功课。他妈妈说："我们家小孩上课没怎么听讲，麻烦老师下课后给他单独讲讲，期末时他的成绩肯定能上去。"家长说到这个地步，我无法推却，只好硬着头皮答应了。

虽然说是课余补一下功课，但是真正做起来还是很花时间。一方面我没有那么多的时间花在一个学生身上，另外对于江宇来讲，课余时间要听课做作业，得不到足够的休息会导致疲劳。刚开始补习时，为了增强学习的信心和动力，我通过一些适合他的方式来鼓励他，甚至发现有进步时用小零食来奖励他，同时也是为了让他劳逸结合。随着个别接触增多，我发现江宇学习上有进步，而且看到了他很多优点。于是，就在班上或私下表

扬他，也鼓励小伙伴表扬他。每当有同学主动表扬他的时候，他就特别有精气神儿，这也使他在课堂上更积极，有时候一整天都处于积极兴奋的状态。有了良好的状态，他在课堂上精力更集中了，学习成绩自然就提高了。意外的发现促使我渐渐地改变了帮助江宇的方式，江宇的学习习惯与成绩也随之发生了较大的变化。

◆简析与研判

学生的学习兴趣需要不断激发，同样学习的积极性需要激励。在老师和同学的再三激励下，江宇的学习积极性逐渐被调动起来，学习的潜能被激发。老师可以此为例，引导家长和学生将注意力放在课堂上，让学生在课堂上跟上老师的教学节奏，这样才能够事半功倍，学习也会有兴趣、有精神，而不会疲惫无聊，避免出现该学时没学、不该学的时候又在疲于奔命忙补课。

◆教育措施

已用措施：针对该生受到激励后学习积极性增强的情况，强化激励措施，在班级或私下予以表扬。结合语文教学“学会赞美”这则练习，引导班级同学对江宇进行表扬，引导学生学会真诚地表扬他人。与家长多沟通，转变其观念，配合老师督促小孩利用好课堂四十分钟，避免课后补习“疲劳战”。(效果：很好)

拟用措施：建议家长对小孩的行为习惯训练提出具体要求，逐步由家长督促学习过渡到自觉学习。密切关注江宇的学习进步情况，适时调整要求并指导调整学习内容。启发和引导江宇在受到同学赞美后，学会改善与同学的关系，在愉快的心境下更好地发挥学习的潜能。

尝试“无痕教学”，用赞赏、欣赏、引导等方式激发班级学习兴趣，营造人人爱思考、爱发问的学习风气。引导学生算好时间账，是在课内聚精会神听课学习效率高，还是课外补习效率高，给予正面引导。引导家长用比较宽容的态度看待学生的测试成绩，重点关注学生的学习和行为习惯的培养。

禁 忌：直接批评，加大学生学习和精神上的压力，“你成绩都这样了，不用功怎么行?”采用“题海战术”，不断加重学生的课业负担，美其名曰“熟能生巧”。鼓励或诱导家长送孩子到补习机构补课。限制学生游戏、运动、休息的时间，要求学生心中只有学习。

学习赶不上就懒得赶

案例撰写：王可玎，武汉市武昌区小学教师

二（1）班男生方洛民从入小学以来，做作业时字迹比较潦草，上课不爱回答问题，成绩很一般。有一次开家长会，我看到方洛民的爷爷来到学校，便问小孩的爸爸怎么不来参加会。爷爷告诉我："小孩的爸爸一直在外地做临时工，请假回来一次不容易，而且还要扣工资。"会后，我与方洛民的爷爷进行了交流，想知道爷爷是否弄清楚了家长会上的要求。爷爷只是听了一个大概的意思，有些具体的要求与建议都没有记住，少数记住的也没有弄明白是什么意思。

单亲爸爸不在家，爷爷不能完全理解学校的要求与建议，谈何家教？为了弥补家庭教育的不足，我开始更加细致地观察方洛民在课余的表现，打算采取有针对性的措施。方洛民课堂上与课后判若两人，他与同学交往很融洽，面带笑容、精神愉快、反应迅速、人缘较好，几乎不与同学打打闹闹。我找到方洛民谈话沟通，问他课后表现那么灵活，为什么上课就不行了。方洛民知道我关注了他与同学有说有笑的情况后，没有像过去那样"金口难开"，而是比较坦诚地告诉我："我爸爸能在学习上帮帮我，但他不在家。爷爷在家，没文化，年纪又大，帮不上我。"我说："你可以自己加油赶上去呀！""成绩垮了，赶不上，就懒得赶了。"多次与他谈话，他的学习情况没有明显的好转。我只好通过电话与他的爸爸联系，介绍孩子学习上的困难，交流我对解决问题的建议和看法。最后，为了小孩的健康成长，方洛民的爸爸接受建议，从外地返回另外找了份临时工作，加强了对小孩的督促。

在老师与家长的共同努力下，方洛民的学习习惯、课业成绩等逐渐发生了改变。

◆简析与研判

小学低龄段学生学习自觉性不强，其中一个很重要的原因就是没有养成良好的学习习惯。若家长督促不到位，很容易导致学生学习效果差，从而逐步出现学生失去学习兴趣的现象，直至出现恶性循环。老师细心观察摸准情况，及时与家长联系，协同一致培养学生的学习习惯，达到了增强其自觉性、提高学习效率的目的。

◆教育措施

已用措施：对方洛民课堂上与课后的表现进行对比分析，研判其课堂不活跃、学习效果差的具体原因。及时与该生沟通，鼓励其争取上进，增强学习信心。与该生的家长联系，建议单亲父亲留在小孩身边，给予关怀，并对小孩的学习加强督促检查。当该生在作业方面有一点进步时，在课堂上表扬鼓励。(效果：很好)

拟用措施：与方洛民交谈，请他找出自己的优点，并表明老师在课后观察到他的很多优点，以示老师很在乎他。在沟通赢得学生的信任后，逐步提出学习上的具体要求，从写好字开始做起。在此基础上提高要求，要求他高质量完成各门功课的作业，上课积极举手发言等。每天（周）写张纸条，提醒该生应该完成的学习行为训练事项。

利用方洛民能与同学融洽相处的优点，为其布置班级事务性工作，训练其完成任务的自觉性。开展“养成好习惯、争做好学生”的班级活动，帮助学生认识自己行为习惯方面的不足以及习惯养成的方法。采用激励机制，如用红星、红旗、小动物等图案对学生好的行为习惯予以正面的引导和肯定，增强学生分辨是非的能力。

禁 忌：对学生的缺点与不足不加分析，直接批评、公开批评，增加学生心理压力，使其丢面子、失自尊。不考虑其家庭背景的特殊性，对家教缺位只有批评没有正面引导或建设性意见。对学生行为习惯的训练要求不具体、措施宽泛，只有布置，没有督促与检查。

从偷练空竹到当小老师

案例撰写：周满红，武汉市洪山区小学教师

三年级的学生正处于思维活跃、身体灵活的成长阶段。前段时间，学校推介学生练习空竹。为了让学生多练习，掌握方法，我特意制作视频，在每个班播放。很多学生学得很快，下课、放学、在家都努力练习。半个月后，我已经看到有很多学生学会了几种简单动作。对于这些孩子我都给予“精灵图章”鼓励，学生情绪高涨，学习气氛浓郁。

三（3）班闻雅莉平时上体育课和其他同学都不合群，别的学生在围着老师练习，可她却躲得远远的，自己玩自己的，行为也很怪异。为解心中疑团，我特意找三（3）班班主任问明情况。班主任说，闻雅莉平时上课话不多；父母工作比较忙，可能没有时间多和她沟通。她在班上也不惹祸，学习比较刻苦认真。从随后的一次空竹练习辅导课开始，我更加注意观察她的行为，其实她并不是在逃课，而是躲在远离同学的地方悄悄地练习。练到不会的动作，她既不请教老师，也不问同学，而是从远处细心观察同学动作。我在辅导学生集体练习时，有意将自己讲课的声音放得很大，示范也做很多遍，故意让闻雅莉听到和看到动作要领。

一个月以后，我对三（3）班每个同学练习空竹的情况进行了测试。轮到闻雅莉时，我提议同学们鼓掌欢迎。

闻雅莉刚上场时，好多学生都不看好她，但测试结果让人吃惊，她的动作非常娴熟，不仅把规定动作完成了，还自创了新的动作。好多同学看呆了，使劲鼓掌，最后全班同学一致认为班级排名第一非她莫属。我看到她脸上的笑容，让她当小老师，教其他同学练习空竹，让她和其他学生融合在一起。

没过多久，我发现上课时总有学生围在闻雅莉的身边，她已经和班上同学一起做游戏了。

◆简析与研判

闻雅莉受家庭成长环境影响，生性胆怯，缺乏自信，从而有意避开与同学的交往。受到善良本性与强烈的求知欲望的驱使，闻雅莉虽自信不足，但从未放弃自己。她选择适合自己特点的方式认真刻苦学习知识，不断追求新的目标。只要家长和老师引导得当，假以时日，定能促其更加自信，健康成长。

◆教育措施

已用措施：发现闻雅莉在练习空竹时不合群现象后，及时向班主任了解情况，更加关注该生的行为。尊重该生自行练习空竹的选择，采取放大声音、重复动作等方式间接辅导。一视同仁，鼓励其参加空竹测试，并引导班级同学予以鼓励。发挥该生优势，安排其协助老师辅导班级其他同学练习，增强自信。(效果：很好)

拟用措施：主动找该生个别谈心，询问在练习空竹过程中是否需要个别辅导，承诺可单独辅导。物色两名技术较好，不会引起闻雅莉反感的女生，与该生单独练习，相互交流。单独向该生反馈老师观察到她的练习情况，给予鼓励，指出其需要继续练习空竹的技巧。

与家长联系，以了解学生在家练习空竹情况为切入点，建议家长与小孩多交流。向班主任反馈该生练习空竹中的良好表现和优秀成绩，建议班主任在班级表扬其刻苦学习的精神。推荐闻雅莉到其他班级担任空竹小老师，让其更广泛接触其他同学，锻炼胆量。

禁 忌：公开批评闻雅莉过于自我，不融入班集体参加训练。有意孤立该生，实行技术封锁，“有本事你自学成才呀，为什么还要站在远处偷艺”，打击学生的积极性。强行要求该生参加班级集体的训练，不然就没有资格参加班级的测试或班级排名。从班主任那里了解情况后，对该生缺乏信心，放任自流，毫不关注。

第三编 行为习惯

常见的“围观起哄”现象长而久之肯定容易对学生的心理产生负面影响，直接干扰其良好行为的形成，同时也会助长歪风邪气，致使涉事学生在不理智的情况下挑起更大的事端。

握笔是个肢体动作，姿势正确与否非常直观，但要坚持做好，需要个人坚定的毅力来支撑。岂止是握笔或完成学习任务需要毅力，人生的发展成功与否都与毅力相关。

初中学生采用的“小把戏”，明显有“思考”“策划”之痕迹，也许此类学生寻求关注的愿望自入学后就一直没有得到过满足，表明他们心存融入班级、寻求关注、渴求鼓励、需要机会的强烈愿望。

学生是在展示自我，寻求关注，向老师和教官暗示不要“忽视我”，不要“小看我”，“我就是我”，与他人不一样的“我”。这既是比较单纯的寻求关注意识的延续，也是进入青春叛逆期追求自我的开始。

同学打架我起哄有何错

案例撰写：付柳霞，武汉市江岸区小学教师

五月中旬的六（1）班体育课，我安排了50米快速跑考核。在练习了两次以后，就分男、女生进行测试。考虑到女生体质差一些，想多留一点时间让她们恢复体力并能测出好成绩，我就先把男生分成两个人一组进行考核。进展很顺利，十几分钟后，男生测试完了。我安排男生在树荫下休息，又把女生分成若干个小组后开始测试。

刚测到第5组的时候，一个男生跑到我面前，气喘吁吁地说："老师，甘振和李克俭在打架！"我顺着他指的方向望过去，只见两个人已经"睡"在地上，互相缠绕着，旁边有几个男生在劝架。我赶紧跑过去，气不打一处来。我气的不是两个学生打架，而是一个叫宁健的男生的一句话："李克俭，使劲压，压死他。"别的孩子在劝阻，他却在怂恿，这孩子怎么这样？我边想边和其他劝架的学生把甘振和李克俭拉开，然后让气呼呼的两个人和一脸不屑的宁健站到我旁边，等我把女生测试完毕后再处理问题。

两个学生打架的事处理得很顺利。弄清起因后，给学生讲了讲"一个巴掌拍不响"和"退一步海阔天空"的道理，两人互相道歉后走了。我将宁健留下，问他知不知道自己错在哪里。宁健却说："我哪里都没有错呀！是他们在打架，我又没有参加。错不错都跟我没有关系。"我追问："知不知道'火上浇油'这个词？"宁健回答："又不是我一个人在看、在喊，几个同学都围在那里。我不喊他们还不是一样在打。"

◆简析与研判

小学高年级学生，对身边的事物有自己的理解和想法，但受情感支配多，理性思考少，正好又刚步入青春期，行为习惯常显浮躁，心理问题也随之增多。他们以为起哄只是闹闹玩玩，没有参与打（吵）架，不会承担任何责任。常见的“围观起哄”现象长而久之肯定容易对学生的心理产生负面影响，直接干扰其良好行为的形成，同时也会助长歪风邪气，致使涉事学生在不理智的情况下挑起更大的事端。

◆教育措施

已用措施：给该生时间，让他想一想错在哪里，然后冷静深入交谈。明确指出怂恿或围观起哄他人打架，产生严重后果的，需要承担相应的责任。引导该生换位思考，发生纠纷时被怂恿和起哄是什么感受。要求今后遇到同学发生矛盾时，要学会劝解。(效果：很好)

拟用措施：将宁健在体育课表现的情况与班主任沟通，建议班主任对当场参与劝解的几位同学给予肯定和表扬，并让这几位同学介绍一下为什么敢于站出来劝架。继续观察宁健在学校的表现，并在体育课上时时关注，抓住有利时机，帮其解除“疙瘩”。

择机联系家长，通过家庭给予宁健正面的影响。以此为例，组织主题班会，如“同学发生冲突，我该怎么办”，引导学生形成良好的行为习惯，逐步学会判断是非曲直。

禁 忌：不了解学生性格特点和事件的发生原因，简单粗暴地说教。课后不交流不谈话，直接将宁健交给班主任处理。在全班快速跑项目测试完毕后，要宁健跑步 5 分钟或快速跑 10 次等，以示惩处。误以为孩子们起哄就是闹着玩的，与品德和习惯没有太大的关系，对学生围观起哄等不良行为视而不见，错失教育引导的良机。

说不出口的打人理由

案例撰写：魏知，武汉市东西湖区中学教师

九年级男生孔小祥非常聪明，学习成绩在班中属于优等，能与同班男生打成一片，大家都称他为“义气哥”。但是他纪律意识淡薄，对老师的教育总是一副无所谓的态度，还经常纠集本班同学和别班学生打架。

五月中旬，八（2）班班主任张老师找到我，说孔小祥在她的办公室。见到我后，张老师手指孔小祥，对我大声吼道：“几十年从来没见过这样犯浑的学生。”张老师平静一会后告诉我，孔小祥在走廊碰到了张老师班上的一个学生便喊他站住，但这个学生感到害怕就躲进厕所，孔小祥追进去后连扇几巴掌。被打的同学刚开始不敢说，还是其他同学告诉老师的。张老师把他请到办公室，他拒不认错还顶撞。

我单独向孔小祥了解详细的经过，事实与张老师讲述的完全一样。但孔小祥打了人却不愿意告诉具体的原因，而且拒不道歉，我只能把家长请来沟通。孔小祥家长对小孩的期望非常高，希望他能跟他姐姐一样，考入重点高中。因此，家长对他的管教非常严格，以前让他学过足球，希望他成为职业运动员，但由于运动受伤才将他在八年级时转校。他一直很好强，不管在什么事情上都喜欢争强好胜。班上同学还告诉我，追到厕所打人就是为了在同学面前显摆“能耐”，在同学中树立威信。因此，他打人从来说不出原因。在他看来，跟同学道歉、跟老师说软话，就是丢人丢面子。

◆简析与研判

争强好胜与难以自控在很多初中学生身上并存。孔小祥成绩优等，受过体育方面的专门训练，家长期盼也高，已形成了争强好胜的意识，但是自我控制能力不强，心理出现偏差，致使他在不该“强胜”的方面想显摆能耐。教育帮助学生，既要鼓励其发扬争强好胜的拼搏精神，又要促其分辨是非，不断提高自我控制能力。

◆教育措施

已用措施：深入了解该生，如性格特征、家长期盼等，增强思想教育工作的针对性。对事情发生的过程进行描述而不是先定性，然后共同认定所发生的事实，给该生说话甚至辩解的机会，避免该生误以为老师在冤枉他。启发该生纠正心理偏差，在学习和品行两个方面争强好胜，而不是靠拳头欺凌同学去树立威信。(效果：一般)

拟用措施：启发该生换位思考，让他意识到做这件事是错误的，并认识到后果的严重性。促其在认真检讨和反思的基础上，提出措施，确保没有下次或类似的问题发生。主动联系家长，配合学校做好思想教育工作。同时对该生的优点加以肯定和鼓励，助其增强改正错误的信心。

做通思想工作后，让孔小祥向被打学生和张老师认错道歉。随时关注其行为习惯变化，并督促其整改。在全班开展“创双优”（品行优、学习优）主题活动，引导学生进入争先创优的正轨。进一步强化该生初中学习目标，促其将主要精力转向学习，适当分派班级管理与服务任务。

禁 忌：采用打骂式或过激语言进行严厉批评，“你打别班的学生，老师都跟着你丢人”。给予暂停两节课的处罚，令其在老师办公室当场写出书面检讨或给张老师的道歉信。以给机会“显摆能耐”为由，罚其打扫厕所。只有当时的批评教育，学生认错后不再做深度原因分析，缺乏跟进的帮助措施。在全班提醒同学不再招惹“义气哥”，达到孤立其目的。

小朋友与老师拉钩之后

案例撰写：熊莉玲，湖北省红安县小学教师

吴映洁同学是四年级分班时来到我们班的。刚来没有多久，下课就有学生来告状，说吴映洁打人。开始，我认为是学生间的嬉戏，没有多关注，只是轻描淡写地询问并批评了几句。

后来，状告吴映洁的同学越来越多，我意识到了问题的严重性。于是多次找吴映洁谈话，问他为什么打同学。他辩解说是和同学闹着玩的。从他略带几分不安的神情中，我明白这是他给自己找的一个理由，但我没有揭穿，只是顺着他的话说："如果有一个同学也像你这样对待你，你会喜欢吗?"他说不喜欢。我接着说："老师相信你也想做一个让同学都喜欢的学生，所以要管好自己的手脚，用恰当的方式表达对同学的友爱。"

此后，吴映洁收敛了很多。可没过多久，他的组长来找我说："老师，我们小组不想要吴映洁。"我说："为什么呀?""他不做作业，催他也不听，一直在拖累我们小组的积分。"组长说着，小嘴巴还气鼓鼓的。于是我给吴映洁换了一个组。没想到不久后，第二个组长也来诉苦，不想要他。我找来吴映洁，让他自己找出小组都不要他的原因。其实他也明白是自己拖了小组的后腿。我问他："各个小组都不愿意要你，你该怎么办?"吴映洁表态说："我一定改，按时完成作业。"我们俩一起拉钩，让他决心兑现承诺不反悔。经过一段时间的努力，同学们都说吴映洁变得有爱心了，学习也积极主动了。

◆简析与研判

自尊心人皆有之，渴望得到尊重是人的内心需求。吴映洁知错而不认账，这是在尽力保全自己的脸面。常言道，给人留点面子，其实就是在考虑他人的自尊。老师给足学生面子，既维护了学生的自尊，也为进一步沟通、教育、引导打下了相互信赖的基础。

◆教育措施

已用措施：不当面揭穿吴映洁欺凌同学是其故意所为，让他进行了换位思考，保护其自尊心。在分组时，再次给予吴映洁机会，充分肯定其愿意改正错误的态度。主动帮助该生找出自身问题的原因，明确整改的努力方向。借机在全班同学中培养团队观念和集体荣誉感。(效果：很好)

拟用措施：与家长沟通，将吴映洁在学校的作业情况通报给家长，让家长多督促他完成家庭作业。老师以辅导作业为由，加强对吴映洁作业的个别督促检查。在班上讨论吴映洁分组问题前，做通小组长工作，在班上主动欢迎接受其加入小组，并希望和相信其不会再拖小组后腿。

或暂时不安排吴映洁到小组，给他一段时间改正不做作业的坏习惯。有进步时，在全班表扬，让其回到原来的小组。给予吴映洁自由选择小组的机会，承诺不拖后腿，接受组内同学监督。各科老师统一认识，批改该生的作业时，给予一些激励性的评语。

禁 忌：尽管该生有内疚感，仍然得理不饶人，简单粗暴地批评，“打人就已经错了，还狡辩，这就是错上加错”。强行要求该生再三写书面检讨，承诺今后不欺凌同学，甚至在全班向受到欺凌的同学道歉。向家长告状，要求家长严加管教。当分组没有人接受时，用讽刺口吻与该生谈话，“看你现在都‘香’不可闻，没有人要你啦，看你以后怎么办”，伤其自尊。

溜进食堂搅坏一锅绿豆汤

案例撰写：朱涛，湖北省麻城市小学教师

我负责二年级信息技术课教学。全校二年级一共有五个班。开学不久，我就发现有几个特别不用功的学生。他们上课不进教室，在操场逗留，其中二（3）班的滕雷最为特别，其他几个同学好像都听他的。

我记住滕雷是源于一次偶发事件。五月的一天，我听说二（3）班有四个同学闯祸了。滕雷等四个男生，午休时间不睡觉，擅自溜进学校食堂，将食堂准备用于幼儿园学生下午就餐的食物——绿豆汤彻底破坏了。他们就地取材，将食用油、糖、煤渣等倒入盛绿豆汤的锅中，然后用棍子搅拌。正当他们沉浸于自己的“佳作”时，被食堂工作人员捉了个正着。我赶到的时候，他们被值周校领导训斥了一通，耷拉着脑袋站在教务处，家长们正在一旁赔着不是。学校为了略施惩戒，每人罚款一百元，后转交给食堂，也算是弥补食堂的损失。

我开始密切注意这几个学生，及时掌握动态。后来，从班主任那里得知，今年9岁的滕雷，父亲长年在外打工，母亲在家照顾他的日常生活。滕雷在家长面前表现也很调皮，好几次我都看到他母亲送他到校时，因他想买零食的要求没有得到满足，他就坐在地上耍赖不起来。很长一段时间，情况一直没有好转，更多的是放学后见到他母亲帮他背书包离开学校的身影。我也经常听到二（3）班班主任和数学教师的抱怨：“滕雷不进教室，欺负其他同学，老师们深感无奈。”

◈简析与研判

上课不进教室，到处游逛，还惹是生非，表明其学习兴趣不浓，学习情绪低落，而低落的情绪又直接影响其学习效果，逐步形成恶性循环，致其产生厌学情绪。父亲长年在外务工，其母对小孩要求不严，不懂帮教也是一个重要因素。

◈教育措施

已用措施：征得滕雷同意，让他多参加劳动，擦黑板、搬牛奶（但他会借机在外逗留）。尽可能地发现他的闪光点，及时表扬。叮嘱班干部随时注意观察，督促他按时进教室；注意查堂，发现他不在教室时及时将其找回教室上课。提出明确的纪律要求，课堂上去厕所需向老师请假，上完厕所立即返回教室。（效果：一般）

拟用措施：加强对滕雷学习上的监督，适当降低对其学习的要求，调整学习预期目标。不断培养其兴趣，逐步调整其情绪，扭转其对学习的排斥态度。学习上给予重点辅导，传授一些简单易行的学习方法，如限时完成作业。适当安排时间让其单独学习思考，体验脱离集体的痛苦。

对“追随”滕雷的几个同学分别进行教育，劝其不要结伴闹事。增加班集体活动，为滕雷等提供一定的表现机会，帮其体验融入集体的甜头。建议其父亲花更多时间陪他或找机会在孩子面前发挥行为榜样作用；劝其母亲改变宽容无度的教子办法，家庭教育要立规矩、讲规矩、守规矩。

禁 忌：采取比较长期的限制性措施孤立滕雷等学生，不让其他任何同学接近，“小心都跟他学坏了”。当着学生的面，指责家长没有管教好孩子，“有你们这样教养小孩的吗？”对学生的教育不是说理，而是恐吓，“不想读书就算了，什么时候想读再来”。在学习方面不落实具体的帮助和辅导措施。忽视儿童的可塑性，缺乏必要的细心和耐心。

暂扣的手机神秘消失

案例撰写：韩佳丽，武汉市东西湖区中学教师

上学期考试的最后一天，我因外出办事，没有去学校。下午4：30左右，有人用陌生手机号码给我发了一条短信，问我在不在学校。我说不在学校，并问他是谁。他没有回答，之后我就没有留意手机短信。下午5：00左右，我又看到手机上有留言："我下午要回家，我要手机。""老师你不回复我，我就当你默认了。那我直接拿了啊。"依然没有说自己是谁……

谈起手机，我联想起很多学生对不让带手机上学的规定置若罔闻、我行我素的举动。我气不打一处来，突然觉得火冲脑门。特别是尹婉如，平时看上去比较乖巧，最近多次违规玩手机，干扰课堂秩序。前两天我逮住她上课玩手机后，让她把手机交给我暂时保管。于是我立马回拨电话，确认这是尹婉如给我发的短信。

我给同办公室的老师打电话核实情况。两位老师当天没有来过学校，只有监考的张老师到过办公室，并且没关门还出去过两到三分钟。这时，我又给尹婉如打电话，证实了我的调查结果：未经我同意，尹婉如悄悄摸进办公室，翻动我的书桌，拿走了暂扣的手机。我一改平时"亲和"风格，不等她解释，很快挂断了电话。等到晚上冷静后，我先给年级主任打电话，通报了情况并表明了我的态度，又打电话请家长到学校来一趟。

两天后，尹婉如和家长找到年级主任和我。尹婉如的眼里带有惊慌与

悔恨，家长表态也很诚恳，愿意接受学校的处罚。处罚较严厉：在老师的监督下自习一周，并通报批评。

随后，我们以此“手机风波”为契机，要求学生做到课堂上远离手机，班上带手机之风就这样灭掉了。

◆简析与研判

手机普及程度高，大家都喜欢它且依赖它，学生也不例外，其中利弊，各执一词。但是对于课堂上禁用手机，不存争议。管理处置学生违规使用手机，学校及班级犹如八仙过海各显神通。不过，有一点是共同的，都是为了确保学生完成课堂学习任务，养成良好的行为习惯。与其他校园管理活动一样，对手机的管理必须有利于解决好问题，而不是激化矛盾。因此，对学生的尊重、信任、引导、包容仍然十分重要。

◆教育措施

已用措施：先处理好尹婉如的问题，令其反省在这件事中的所有不当之处，并在此基础上在班级予以通报。明确指出其两个方面的错误：上课玩手机和不经许可进老师办公室拿走手机，而且后者涉及诚实问题。在班级讨论列举出课堂上使用手机对学习的坏处，请同学们反思上课玩手机对听课的影响。(效果：很好)

拟用措施：发现课堂上玩手机的，继续交由老师暂时保管，并开出领回手机的条件，如承诺不再玩手机或作业获得优等的次数等。“暂时保管”时间与上课玩手机的次数挂钩，次数越多，领回的时间越晚。自律能力很差的学生，可以让家长领回手机，白天交由家长保管。

在全校形成上课禁用手机的氛围，老师带头不带手机进教室。在班级举行专门讲座，讲授现代通信工具的利与弊，倡导安全、合理地使用手机，引导学生在恰当的场合用好手机来辅助学习。有目的地培养学生的自律能力，使学生在无人监督的情况下也能控制好自己的行为，避免对手机产生依赖。

禁 忌：不留余地，在批评学生的同时否定学生的一切。发现学生课堂上使用手机就收缴并且毫不客气地直接扔出窗外，或对领回手机没有任何条件限制。长期暂扣，即使学生认错态度好也不归还。禁用手机的规定不具体，缺乏可操作性，使用是否得当只凭老师一句话。

“宝疙瘩”融入班集体

案例撰写：李小红，湖北省红安县小学教师

前年，齐先凯转学来到三（1）班。他长得白白净净，透着一股机灵劲。“这小男孩不错”，我这个班主任心里暗自高兴，“又捡到宝了！”下课了，刚回到办公室，班长跟进来了，“老师，齐先凯和蓝曦明打架了。”“谁？”我惊讶地问道。“新转来的齐先凯，他不让蓝曦明从他后面过，他们就打起来了。”我不敢相信自己的耳朵，急匆匆走向教室。“老师，蓝曦明打我。”齐先凯哭着叫起来。“明明是你先动手的。”蓝曦明也不甘示弱。“恶人先告状”，让我刚才的好心情一扫而光。

接下来几天，陆续有齐先凯的“动态”传入我的耳朵。这时我才真明白，捡到“宝疙瘩”了。一次自习课上，齐先凯说话，被班长记了名字，扣了小组积分。他就不干了，不依不饶找班长，最后还主动找我告状。他不懂得为他人着想，经常揪着别人的小缺点不放，当堂打小报告，嘲笑别人，弄得同学关系紧张，没人愿意跟他同桌。齐先凯自己也意识到被孤立了，便跟我诉苦说：“大家都不喜欢我，都不愿意做我的朋友，我觉得上学一点意思也没有。”看着他无助的表情，又联想到他成绩优秀、发言积极、思维活跃、作业整洁、主动预习等优点，我心里既心疼又自责。“必须尽快让他融入集体。”我在心里暗暗对自己说。

我逐步了解到，齐先凯的爸爸是一名乡镇初中语文老师，但长期病休在家。这孩子是他的养子。从家到学校几分钟就能走到，每天齐先凯还由家长送到学校，家人的宠爱可想而知…… 现在齐先凯读五年级了，我也不再是他的班主任，但是不久前我收到了他发来的教师节的祝福短信。

◆简析与研判

以自我为中心发生在小孩身上，极有可能是家长唯他（或她）为中心造成的。矫正以自我为中心的毛病，老师必须与家长协调一致，既讲道理，也提要求，还要传授相处、交际的具体方式方法，促其融入班集体，从小学会与同学交往，为融入社会打下基础。

◆教育措施

已用措施：了解齐先凯的家庭及家庭教育情况，分析其“小霸王”性格的成因，提出教育帮助的具体办法。开展“如何与同学们友好相处”主题班会，通过身边的实例，树榜样、谈想法、找问题，促同学说出自己的心里话，融入集体共同成长。通过家访与家长交流，了解家庭教育的不当之举，并促其改之。(效果：很好)

拟用措施：开展运动会、春游等集体活动，让学生在活动中感受如何与同学相处。在课堂上发现学生的优点并及时表扬，坚持每天课后谈心，让学生反思个人言行，并针对不足之处提出补救办法。经常讲名人故事，让学生懂得包容，在平时的各种活动中抓住一切机会让其明白相处之道。

让齐先凯担任班干部，发挥其学习上的优势，懂得帮助别人也是一件快乐的事情。针对该生的变化，提供机会让他交流与同学交往的感受，学会尊重他人，学会听取意见，多交朋友。通过组织学生参加全年级、全校性活动或校外活动，增强学生集体意识，培养集体荣誉感。

禁 忌：直接粗暴地挖苦、批评、责罚，“你是不是在原来的学校调皮待不下去才转来的呀”。将责任全转给学生家长。发动或暗示同学孤立该生，用“软”办法对付“硬”毛病。

清官难辨“打”与“闹”

案例撰写：郭立主，武汉东湖新技术开发区小学教师

一年级男孩史兴波，7 岁，生性好动，课间喜欢对同学伸手动脚。不管和谁在一起玩，过不了三分钟就要把对方惹烦或弄哭。学生回家告状，有的家长很认真，通过多种途径向学校投诉。

有一天早上，廖新华的妈妈专门陪小孩上学，找我反映说，自己家小孩前一天被史兴波打了。我解释道：“史兴波是有些喜欢动手动脚，但可能就是小伙伴之间嬉闹过了一点。有没有受伤？老师再加强教育。”可是，廖新华的妈妈很较真，说：“是没有打伤，但现在都只有一个孩子，哪个家长愿意让小孩受同学欺负呢？”

我利用课间找到史兴波谈话，告诉他打人是不对的。他似懂非懂地点点头，表示知错会改，态度也十分诚恳。这种认错情景不是第一次，我知道好不了一天，他又会“故态复萌”。为慎重对待家长的投诉，我把两个孩子叫在一起，问清事情的原因。我发现孩子们所说的“打”“欺负”等，其实就是同伴之间的嬉闹，与成人眼里的打和欺负行为完全不是一回事。当然，听到家长和学生的反映，我能理解现在的孩子自我保护意识在不断增强。

家访了解到，史兴波出生后直到 3 岁，其父亲在深圳打工，孩子缺少父爱。在 3 岁时患一场大病治愈后，孩子更受溺爱。史家是两代单传，爷爷奶

奶百般迁就孙子。其母则完全相反，对于孩子的错误，经常是严厉斥责。其父回乡务工后，对孩子关心甚少，态度简单粗暴，非打即骂。父母之间常发生冲突，吵架是家常便饭。

◆简析与研判

隔代溺爱，强化了小孩以自我为中心，促其形成了非常自我的思维模式；打骂式家教以及父母间的吵架，为该生提供了模仿的负面样本，而学生和家长又将嬉闹视同于打人、欺负。因此，改变一个很小的坏习惯，需要采取组合式措施。

◆教育措施

已用措施：调查分析，了解习惯成因，家校合作，在做好该生引导工作的同时，加强对全班小朋友的沟通引导。组织游戏活动，让小孩学会在集体中如何相互交往，包括谦让、包容等。教会学生使用一些最基本的交往沟通语言，“你的玩具很好看，能给我看看吗”“我忘记带铅笔了，把你的笔借给我用一下好吗”“我能跟你们一起玩吗”“对不起，我不是故意的”等。(效果：很好)

拟用措施：以讲故事、故意设问等形式，逐步帮助学生明白与同伴要友好相处的道理。利用低年级学生模仿快、可塑性强等特点，老师带头在班级对学生使用文明、礼貌等用语，言传身教。让学生在班级讨论，列举出“我最不喜欢的动作”，引导学生在一起的时候不要乱动手脚，以免发生误会或误伤。提醒常“惹事”的同学，要注意相处的方式，不用肢体动作对待同伴。

建议家长为孩子做出榜样，不要用打骂的方式教育小孩，更不要经常发生打骂行为，避免给小孩造成打骂就是强势的印象。建议家长在适当的时候，当小孩的面承认自己过去打骂的行为是错误的，尽量消除给小孩造成的负面影响。加强对小孩的监督，对不当的动手动脚行为及时制止并纠正。安排该生当班干部，承担部分服务同学的责任。

禁 忌：对小学生之间的打闹过于关注，只要有人“告状”就评判出“是非”（其实多数时候很难评判出是非）。只是一般性要求“同学们下课后不要打架”“不要惹祸”，但是对比较活跃、经常“惹事”的学生缺乏重点的教育和引导。用呵斥或变相体罚代替教育。

同学眼中的“老大”渐变历程

案例撰写：李超，河南省民权县中学教师

学期伊始，学校安排重新将学生分班，班主任和科任老师都很关注自己班上会是些什么样的学生。葛斯葆在七年级时就已经成为全校师生周知的学生。这是因为他经常为自己的“小兄弟”摆平恩怨，在同龄人中的“权威”地位比较“巩固”，同学们都称他“老大”。这次分班，我所带的班有幸“中彩”，分到了这位“老大”学生。

虽然我心里不悦，但仔细一想，总得有个班接纳葛斯葆呀。考虑再三，我在新学期第一次班会课上宣布了“民主、平等”的治班理念。我对同学们讲，成绩差，老师不歧视你。例如，如果你不知道“1+1=?”，可以来问我，我不会批评你；如果不会也不问，早晚会有一个个的嘲笑涌向你。只要你尽自己最大的努力去学习，成绩差也依然是一位勇士。可有些同学把打架斗殴当成勇士的奖章到处炫耀，同学们说这是聪明的勇士吗？这是一个愚蠢的人。我的这番话虽然没有点名针对哪一个学生，但是从内心讲，我还是希望葛斯葆“心领神会”。课后，葛斯葆找到我说：“老师，我想改变一下自己，您说我该怎么做吧！”我知道我的激将法起了作用。又过了一段时间，葛斯葆主动提出想坐在教室最前面听物理课。我毫不犹豫地答应了他。当他动摇时，我及时找他谈话，夸奖他前一段表现得非常好。一年以来，他的成绩显著提高，更重要的是，这一年他没打过一次架。

◆简析与研判

面对“犯浑”的学生，老师和家长通常期盼其能早点“开窍”。老师的责任，当然包括家长的参与，就是选择一个恰当的节点和支点，帮助学生“开窍”，实现转变的目标。“开窍”，不是个瞬时发生的简单动作或行为，而是在老师不断地引导、鼓励下，学生逐步发生变化的持续过程。老师的付出及其教育艺术与此过程持续的长短、学生变化的大小紧密相关。

◆教育措施

已用措施：精心构思初次班会，利用心理落差让葛斯葆分清好与坏、善与美，增强要转变的意识和决心。利用激将法使很义气的他拉开与“不良团伙”的距离，激励他坚持自己正确的选择。利用内容丰富且具有强烈教育作用的班会教育，让他感到老师的话语不是针对他，做到润物无声，教育无痕。(效果：很好)

拟用措施：从要求葛斯葆在课堂不干扰他人学习做起，逐步提高学习上的要求，包括完成作业。准确捕捉该生要求到讲台前听课发出的信息，即打算认真学习，满足其愿望，并给予鼓励。在学生遇到困难欲“打退堂鼓”的时候，用学习目标去激励，“学期末成绩提高后，老师请吃饭”。

选择一个最佳的时间节点，在班级肯定和赞扬该生的变化与进步，让其在同学面前赢得自尊。事前认真准备，与该生一起回顾总结其学习习惯和行为举止发生变化的过程，启发该生体验进步的喜悦。加强与该生家长的沟通，通报该生的进步，并对家长提出配合学校教育的具体要求。

禁 忌：见到班上来了个“老大”，自认倒霉，束手无策，既无勇气面对，更无智慧教育。找该生谈话，见面就严厉批评，“我们都知道你的过去，现在必须对你约法三章”。在学生有所进步时，满足其已有的进步，“你现在已经够好了，保持下去就可以，别无他求”，低估学生潜能，错失良机。

新生军训中的滑稽表演

案例撰写：张银花，浙江省衢州市中学教师

最近几年，学校坚持组织七年级新生参加军训。为了组织好军训，学校每年都请驻扎在本地的武警中队选派教官。即使有点调皮的学生经过5天军训后，纪律观念和国防意识增强了，集体荣誉感增强了，也知道集体生活要讲规矩、守纪律。

今年秋季开学，我又回到七年级当班主任。第一件事当然就是组织落实好军训。新生报到后的第一天，军训就开始了。绝大多数同学因为新环境、新身份而努力展示出自己的良好表现。可是，班上的熊哲熙却不然，他调皮的眼神、无拘无束的举动反复告诉我他的与众不同。在集合列队训练时，他便悄然开始展示他的独特个性。本班的冯教官发口令“向右看”，熊哲熙迅速来个“向左看”。冯教官以为熊哲熙真的分不清左右，非常有耐心，专门走到他面前辅导了多遍。可熊哲熙总是嘻嘻哈哈，假装学不会。见冯教官实感无奈，我走上前去叫熊哲熙出列。听我喊他出列，他立马变了一种态度，又是躬身又是皱眉头，双手捂着下腹喊着：“老师，我憋不住啦!”不等我回话，便呼啦一阵风钻进厕所去了。等他从厕所出来，我正准备叫他，他跑到离我两米多的位置，用一个不太规范的立正，给我行了一个“军礼”，并留下一句话：“报告老师，我口干得不行了，请假去喝水。”没等我答复，他又一溜烟冲向小商店。我耐心观察两三天后发现，熊哲熙的动作固然滑稽好笑，但给人的印象是，这些行为都是故意表演的。

◆简析与研判

进入一个新的学习环境，学生在新老师和威严的教官面前自由散漫的行为举止，看似反常，其实非常正常。学生是在展示自我，寻求关注，向老师和教官暗示不要“忽视我”，不要“小看我”，“我就是我”，与他人不一样的“我”。这既是比较单纯的寻求关注意识的延续，也是进入青春叛逆期追求自我的开始。把好学生心理“脉搏”，因势利导，就能争取到教育引导的主动权。不然，老师只会落在其后费力点拨，却收效甚微。

◆教育措施

已用措施：由于新生入学不久，学生异常举止的原因不明，先冷静观察，发现端倪后再采取措施。分析诊断学生的举止是表现自我、寻求老师和教官的关注后，“投其所好”，征得其同意并安排其承担学校小会议室的保洁任务。讲授做保洁的程序、方法和要求，希望代表本班展示认真负责的精神，使其感受到老师的信任。(效果：很好)

拟用措施：联系小学班主任，了解该生过去的行为举止有无异常情况。转达副校长对做保洁的学生的肯定与表扬，赞赏其为班级赢得的荣誉，增强自信。找机会对该生进行纪律教育与引导，要求其在军训、课堂等活动中改掉任性的坏毛病，增强纪律观念。

结合军训，向学生讲授集体生活、班级活动中纪律的重要性。建议教官在训练内容中增加部队对纪律的要求以及部队严格进行纪律训练的方式，启发教育学生。组织主题班会“展示我的优点”，给每个学生机会说出自己的优势与愿望，及时点评并提供更多的表现自我的机会与平台。

禁 忌：针对学生军训首日毫无约束的举动严厉训斥，既然学生敢如此调皮，老师或建议教官先给他来一个下马威。在军训期间，反复要求学生出列，枯燥地训练某些特定动作，进行变相体罚。误解学生举动所发出的信息，用强制性方式压服学生。

乖巧女生背后称霸

案例撰写：周盼，武汉东湖新技术开发区小学教师

我在村小带四年级，全班只有6名学生，其中女生两名。戚润霞的妈妈有轻度智力障碍，说话做事都不及常人；爸爸常年外出打工，维持家庭基本生活；家里还有个小弟弟，智力也有点问题。戚润霞的家教主要靠她的爷爷。好在戚润霞有些读书的天赋，也很懂事，在校表现很不错。另一名女生是庞晓娇，全家都在本地务农，在家里受到娇惯，学习不怎么努力，成绩一般，但是她喜欢主动帮老师做点小事，如上课前帮老师拿作业本等，给老师留下的印象也不错。

原以为两个女生是好伙伴，理应成为“小闺蜜”，但情况并非如此。有一天，一个男生急忙跑到办公室叫我，说“小霸王”打人了。“谁是小霸王?”我边问边起身赶到现场。庞晓娇看到我后，立马低头立正站好，一副乖巧的模样，而被打的戚润霞默默掉眼泪。男生告诉我，她们两个刚开始说话还好好的，不知为什么庞晓娇就先动手打戚润霞了。为了安慰戚润霞，我朝庞晓娇吼了几句：“一个女娃怎么这么凶，还把同学打哭了！你以后再打同学，我就帮同学打你。”我把戚润霞带回办公室，核实打架的起因。戚润霞说：“她总是指挥我干这个干那个，不听她的，她就吼我打我。”我很纳闷地问道：“既然这不是第一次，为什么不早点告诉老师呢?”戚润霞低声说：“连男生都怕她小霸王，我也怕。爷爷叫我不要惹她，挨揍后爷爷

是不会替我去评理的。”紧接着，我又找来庞晓娇并对她进行批评：“你以后能不能改掉你这惹事的小毛病呢？”庞晓娇乖巧地点头，连声说“能、能”。可是，眼前的这个“小霸王”要恢复原有的乖巧女孩的形象，我们师生俩还要继续努力。

◆简析与研判

两个女生一个称雄，欺负同伴；另一个示弱，忍气吞声，各自的性格差异明显。其原因与家庭成长环境和家庭教育方式等有一定的关系。在小学生的性格及品德形成过程中，学校对称雄与示弱两类性格的学生的教育和干预都不可忽视。不然，发生摩擦后，称雄的碰上示弱的胆子更大，示弱的碰上称雄的更感无助。在学生还不能完全明白事理的情况下，老师恩威并用不失为一种比较有效的办法。

◆教育措施

已用措施：及时到现场制止学生打架，安抚被打的戚润霞，稳定其情绪。用严厉的语言镇住打人的庞晓娇。事后，先后找涉事的两个女学生了解引发纠纷的原委，鼓励常挨打的学生以后及时联系老师，反映情况。对打人的学生进行批评并提出相应的要求。（效果：很好）

拟用措施：对挨打的同学做深入了解，弄清楚庞晓娇通常指使她干什么事，判断是单纯的“霸气”作祟，还是另有所图想干“坏事”。待庞晓娇再次亲近老师，直接告诉她与同学相处的方式，要求她养成尊重他人的习惯和品质。向庞晓娇解释，老师说帮同学打她的本意是想制止其打架行为，在老师心中，她同样很重要。

对戚润霞成长的家庭环境进行深入分析，充分肯定其谦让的行为以及认真学习的态度，助其克服自卑。对庞晓娇亲近老师的举动给予肯定，引导其改善与同学的关系，通过良好的操行表现和学习成绩“称霸”全班。

采取组织班会、集体活动等，进一步融洽学生间的关系，促进学生互相关心、互相帮助、互相尊重。

禁 忌：不问青红皂白直接给学生之间的纠纷定性为欺辱同学，严厉惩罚，令其上课时站在教室的角落。变相鼓励挨打的学生以牙还牙，“以后她再打你，你就还手，打不赢至少可以咬她一口”。老师推卸责任，将学生的纠纷转给家长处理，激化学生之间的矛盾。

常用“僵尸状”招惹同学

案例撰写：杜菲，武汉市武昌区小学教师

接手三（1）班的班主任和语文教学任务不久，我就发现董庆功课堂上不时咬着手或笔，坐姿不正，还爱钻到桌子底下。在学期初始的一段时间里，他经常在课间将两只手平伸向前作“僵尸状”招惹同学。为了掌握董庆功过去的表现情况，我单独问过班长：“董庆功过去表现怎么样?”班长非常肯定地回答我：“老师，您不知道。董庆功是我们年级有名的差生。他不讲卫生，喜欢把钢笔里的墨水吸到嘴里，还经常欺负同学。原来的班主任也批评过他，可是他就是改不掉。”“那你们得多帮助他呀。”我顺势对班长提出了要求。

是什么让这个孩子的行为如此怪异呢？我更加关注董庆功课内课外的表现了。

课间休息时，董庆功经常围绕教室一蹦一跳，甚至不知道疲倦。有时跟同学凑在一起，他很快就会打闹起来。上课也无法长时间守纪律，但只要他发言，就会发现他的思维反应很快。有一次在课堂上，他不举手就说话，我提醒他：“董庆功同学，积极发言很好。你能不能做到举手后再发言?”此后，他居然每次都能先举手后发言。每次做作业，字写得很小，就像小蚂蚁，请家长到学校督促写几次作业之后就好很多了。另外他喜欢看课外书，我借此在班上好好表扬了一番，并利用阅读课让他分享自己的阅读感受。平时我找他谈心，告诉他不要因为没有爸爸在身边，就觉得自己缺少关爱，理当与其他同学不一样。我还提出了一些具体的要求，教他如何讲卫生，怎样与同学做游戏，怎样把自己的想法告诉别人。过了一段时间，班上对董庆功的抱怨明显少了。有一次课间我留在教室时，董庆功不言不语站在我身旁，我一脸不解。这时，班上有个女生突然说："老师，董庆功这是喜欢你!"

◆简析与研判

有的小学男生从课堂学习到课后活动、从个人卫生到同学相处、从言行到性格等多方面都会表现出不足或缺点，可谓大事不犯小错不断，其实这只是小学男生自我管理能力差、缺乏严格持续训练的缘故。若只看表象，不加具体分析，就以为此类学生"千疮百孔"不可救药，简单地戴上"差生"的帽子，就会致其"破罐子破摔"，越来越走下坡路，达不到教育引导的目的。

◆教育措施

已用措施：细致观察、发现董庆功的优点和缺点，对其过去的表现不抱陈见，客观分析判断。启发动员班级同学给予该生帮助，宽容其缺点，劝说学生不要将其缺点等作为笑话，或干脆将其视为差生对待。在课堂上选择恰当的评价用语，如将"你说得不对"改成"你可以做得更好"，并在肯定的同时逐步提出新的更高要求。(效果：很好)

引导班级同学遇事主动谦让该生，然后以实际事例教育该生学会与同学和睦相处。坚持对该生的行为习惯进行训练，如上课举手发言、端正坐姿、书写工整、讲究卫生等，引导其纠正不良习惯。充分肯定该生喜欢看书、自觉坚持在家学习的好习惯，安排机会让该生交流读书体会，为其展示优点提供机会。(效果：很好)

拟用措施：利用班会课或活动课让该生担任小组长，围绕他读过的趣味故事排练节目，以赢得同学信任并增强自信。坚持重点关注该生的言行，加强交流沟通，赢得该生更大的信任，成为该生乃至全班喜欢的老师。采用不同的方式对该生的每一个小进步予以肯定，对于纠错过程中出现的反复，明确表示老师相信他会继续努力。

禁 忌：用静止的眼光看待学生，对其缺点等不加细致分析，看不到其优点，欲教育帮助却找不准切入点。将该生定位为差生，对于教育引导工作缺乏信心、缺乏措施、缺乏耐心。批评该生时不讲究方法和场合，误以为常出错的学生脸皮厚，经得起任何批评。

经常忘记履职的小组长

案例撰写：金露露，湖北省红安县小学教师

丁娇琳，10岁，就读四年级，学习成绩在班级一直处于上游水平，就是有个小弱点，不怎么喜欢与同学交流，成天自己闷着。有一天，我与她谈话时夸她："丁娇琳，你学习很用功呀！成绩也很好。"丁娇琳看着我，很高兴的样子，就是不做声。我接着说："你怎么不腾出一点时间与同学们一起玩一玩？"这时她开口了，说："妈妈说我还要更努力，考更高的分数。如果我跟同学玩，妈妈看见会骂我的。""让你担任小组长，这样你就可以接触同学呀。这样好不好？"听到我这个提议，丁娇琳抬头看了看我，点点头，算是同意了。

丁娇琳开始履行小组长职责，其中最重要的一项工作就是收发作业本。这些看似简单的事，不知为什么对于丁娇琳来讲好像很复杂。她每天自己的作业做得很认真、很快，可就是经常忘记按时收作业本，或者是忘掉了一两个同学的作业本。因为她性格内向，需要一些训练才能适应，我就没有批评她，而是常提醒她怎样做好小组长的工作，希望她能慢慢成长。

有一次期中考试后，丁娇琳的成绩稍微下降了一点，但还是在上游学生之列。但是她妈妈就不满意了，带着小孩来到我的办公室，当着众多老师的面，骂孩子不认真学习，就只知道玩，孩子哭得很厉害。然后，她妈妈话题一转，开始训斥我这个老师："我家的姑娘，只要成绩好就行了，老师还要她当个组长干什么!”等家长略微冷静后，我向家长说明了让小孩担任组长的初衷，并反复解释小学生的一次考试成绩并不是家长想象的那么重要。家长一脸不高兴地离开了学校。自此以后，我发现丁娇琳性格更内向，更不爱与人交流了。

◆简析与研判

家长只关注学生的学习成绩，忽视学生综合能力的培养，致使学生关注面过窄，缺乏应有的协调能力。老师主动采取措施，助其补齐短板，本是好事，然而这不仅得不到家长的支持，反而使学生受到打击，致其内向性格更加严重。面临此境，老师须坚持有效的教育措施，引导家长积极配合，不可投家长所好，放弃教育者做出的理智选择。

◆教育措施

已用措施：针对丁娇琳的弱点，分派小组长工作，促其与其他学生交流。遇其忘记收作业，采取宽容态度，给予足够的时间逐步成长。遇家长提出不同意见，耐心沟通说服，建议家长改变教育方式，不要过重看待分数，尤其是一两次的考试成绩。建议家长调整预期，支持小孩担任小组长，并给予孩子必要的指导和提醒。(效果：较差)

拟用措施：采取个别谈话，鼓励该生大胆发言，多与小组以及班级同学交流。引导班长或其他小组组长适时提醒该生，引导其养成按时收作业本的习惯。与该生一道总结担任组长以后的工作情况，启发该生谈担任组长的体会，看到自己的不足。就是否继续担任组长征求该生的意见，正面引导其继续担任，为小组同学做好服务。

对丁娇琳担任组长所做的工作，在班级予以充分的肯定，引导同学主动、自觉向组长提交作业。与该生谈话，深入了解其家长到学校反映她在家不认真学习是怎么回事，引导其理解母亲的良苦用心。在班级加强学生集体活动，利用语文课，组织学生开展阅读比赛、诗歌朗诵比赛等活动，营造积极向上的班级学习氛围。

禁 忌：批评时不注意方法，打击该生的积极性，“连当个小组长收作业本这么一点小事都做不好，你长大能干成什么事呀?”以其经常失职，没有履行好小组长的职责为由，更换小组长，并在全班宣布撤销她的组长职务。或在全班宣布，因为该生家长反对，小组长换人，致其产生对家长的怨恨情绪。

第四编 心理健康

欺凌同伴、耍狠称雄，顶撞师长、抗拒教导，这可能是男生在青春叛逆期的集中典型表现。学生在此发育成长关键期能得到正确的教育引导，毫无疑问是非常重要的。

教育批评学生，我们往往将一些偶发性的问题或一般心理问题定性为道德品行问题。学生骂老师绝对是错误的，如果我们细致考虑，宽容处置，给学生以自省的时间和空间，“和点稀泥”，得饶人处且饶人，相信学生会感悟、会感激，有能力检讨反省自己，择善而从。

如果把教育和帮助手段比作一根绳子，老师的拉力小一点，速度也会慢一点，但学生可以在绳子牵引下前行，会有进步。若老师的拉力过大，就会把学生手上的绳子拉脱或者将绳子拉断，结果会适得其反。绳子的拉力大小掌握在老师的手里，该使多大的劲、该用多大的力，就凭老师的智慧与判断。

转学为权宜之计，只能改变学生学习的外部环境，并不能彻底排除其自以为“他人过错”带来的疑心过重的心理问题。要使其开朗起来，正常地与人沟通交流，必须培养良好的行为习惯，消除其内心的困惑。

古龙水暗示着表现欲望

案例撰写：张磊，武汉市青山区中学教师

新生报到当天，被同学们称为“炸药包”的唐浩浩，被一个同学不小心碰着了。唐浩浩不依不饶骂个不停，几次想动拳头打人，幸好被当场制止。他不分场合大声喧哗还出口成“脏”，大部分学生都对其避而远之。课堂上，唐浩浩注意力不集中、不听讲、不做笔记、到处“点火”。如果无人回应，他就会提高嗓门骂人，甚至伸手动脚。科任老师常劝说与批评，他不仅不收敛，甚至还经常出言不逊。

唐浩浩几乎不写家庭作业，课堂上写作业就抄袭，字迹潦草连自己都分不清楚。在老师办公室补作业的学生中，经常见到他的身影。老师找他谈心交心，他是这样说的：“老师，我不是学习的料，家里就让我混到初中毕业。您也别浪费时间管我啦。”唐浩浩言语之中好像在暗示我，他对同学并非冷漠和无礼，更多的是想获得同学的注意。

我逐步感觉到他本性不坏，他喜欢身边人的眼光长时间放在他身上。近一段时间，他喷了古龙水来上学，逢同学便问：“你猜，这是什么香水?”他还会哈哈一笑：“这是帅哥型男的最爱——古龙水。你们不懂！也只有张老师说对了。”课间，我叫住他：“帅哥，注意形象了！现在安静的时候挺有型，要是不骂人就更有型了！要是课堂上安安静静，肯定会更帅的！不如，咱们试试?”唐浩浩说：“看在您懂行的份上我们就试试。”试过一节课后，唐浩浩第一次不好意思地笑了。

◆简析与研判

渴望被欣赏是人最本质的特性之一，尤其在青少年时期，则是一种特有的欲望，且有表现欲。欣赏学生特长、优点，满足其期盼被关注与欣赏的需求，就能因势利导，事半功倍。识别、欣赏古龙水，犹如拿到走进唐浩浩心灵的一把钥匙。

◆教育措施

已用措施：从要求其静心练字一节课开始，逐步选短篇优美散文，让其在全班全篇朗读，提升自信。在课堂上让其抄写一定量的作业，及时批改，及时肯定。将其座位调至比较安静同学的座位旁，让其练字、做作业，静其心、安其神。适度放大其进步并及时肯定，以起到鼓励作用，促其朝更高目标努力。(效果：很好)

拟用措施：与家长沟通，制订方案，让该生在家也能得到父母肯定，将好的效果在家庭教育中得到延伸。给他提供一个当班干部的机会，让其学会承担责任，学会约束，学会尊重他人。在周点评或班会上，请同学们分析班级课堂纪律好转的原因，让同学们肯定与欣赏唐浩浩的进步。

以个别交流方式，让唐浩浩回头看，并帮其将近期好的表现逐条列出来，与以往进行比较，让其认识到自己的进步。及时提出更高要求，不仅包括行为习惯养成，还要包括学习习惯养成。向科任教师通报唐浩浩的进步，大家统一思想，变以往过多的指责为现在主动的关心。

禁 忌：以偏概全，放大学生缺点，忽视优点，甚至怀疑学生是否还有值得肯定的地方。经常与学生谈话怒不择词，老师自己点“炸药包”，久而久之，失去威信与信赖。以建议同学们不要激怒该生之名，行孤立该生之实。遇到帮助教育措施的效果在短期见效不明显，就表现出无可奈何的形态。

获得特许自带篮球上学

案例撰写：肖传勇，武汉市江岸区中学教师

去年秋季开学，于博转入我们八（2）班就读。该生性格怪异，患有癫痫，并有偷东西的坏习惯。刚开学不到一个月，他就利用全校师生参加秋季运动会之机，悄悄潜入老师办公室盗取财物。监控录像记录在案，校长要我高度重视，以关爱为主，谨慎处理。

我找于博谈话时问他："为什么多次拿别人的东西呀？"于博告诉我："就是觉得很好玩。别人把东西放在很隐秘的地方，我一下子就能拿到手。我感到自己很有能耐，很高兴，很刺激。"他这种对自己怪僻行为无所谓的态度让我很惊讶！我预感到问题的严重性，于是时常关注他，同时通过同学细致了解他的过往。原来，于博在小学就喜欢偷东西，特别是女性用品。

又过了一个月，在一次午餐休息时间，于博到学校附近的居民区偷取居民晾晒的衣物被当场抓住。有的人要将他扭送到派出所，有的人还喊着打他一顿让他长点记性。幸好遇到他的街坊张阿姨，张阿姨认出于博后为他求情解围，并将他护送回学校交给老师。与他简短谈话之后，我让他先回班级休息，而我却感受到深深的无助。在校我能看住他、关注他，可是校外怎么办？我开始查阅相关资料，借鉴案例，对症施教。同时，经过两个多月的观察了解，多次个别交谈，我也发现于博具有许多优点，如喜欢运动，对篮球特别感兴趣，渴望参与班集体活动，主观上愿意融入同学之中，只是同学们不待见他。

◆简析与研判

于博同学的偷窃行为以寻求刺激为目的，预示其患有一定程度的心理疾病。患者在某些情境下就会控制不住自己的行为。若年幼时得不到及时矫正，成年后会越发严重，甚至容易走上犯罪的邪路。

◆教育措施

已用措施：开展家访，详细了解于博寻求偷窃刺激的起因与发展过程，与家长统一思想。经常与该生谈话，指出偷窃问题的危害性，肯定微小进步，取得他的信任。利用于博对篮球的兴趣，特批他带篮球到校，以篮球为媒，从客观上让同学主动亲近他，助其融入集体，转移注意力。安排班级事务让他完成，并在班上经常表扬他。(效果：较差)

拟用措施：与家长沟通让其接受专业的心理治疗，并按照心理咨询要求配合或督促落实矫正措施。扩大该生兴趣爱好，利用爱好转移该生的注意力，向积极正面引导。协调各科老师关注于博的学习，适当安排个别辅导或作业检查时间，引导其将兴奋点转到学习知识上。

加强和改进班组活动，尤其是多开展集体活动，指定学生（包括于博）轮流负责活动的组织工作，增强其责任感、服务意识、团队精神，体验成就感。事前征得于博同意，请法制副校长或当地有经验的民警与其交流，如抽时间一起打篮球，借机指出其不良行为的严重后果。每次与他交流，鼓励他尽量将内心想说的话都说出来，助其放下思想包袱，阳光成长。

禁 忌：将于博的不良行为轻易定性为“惯盗”，开口闭口指责其为小偷。发现偷窃行为后，采取惩罚性措施，如要求“闭门思过”。有意无意在班级学生中孤立该生。家庭教育和学校教育形成两张皮，各按各的想法办，教育方法和目标缺乏协调一致性。

竖笛声声

案例撰写：白云，武汉市江岸区中学教师

李京，我注意到她时，她正坐在九（1）班门外的台阶上吹着竖笛。她每天都是一个人，做任何事都是一个人，似乎周边的一切与她无关。她的安静，相比这个年龄段孩子的活泼好动，显得格格不入，让人感到难以接近。我感到她一定有一些不为外人知道的故事，希望自己可以走进她的内心。于是我找到她，说可以一起练习竖笛，可以教她曲子，她抬头看着我，不说话，只是点点头。

接下来的几天里，我惊奇地发现她每天都会按时来我办公室。渐渐地，她开始向我讲述她生活、学习中的事情。两周后的一天，她带了一个本子，对我说："老师，只能您看。"说完她回教室上课了。我翻开她的本子，不由自主地被她带入一个诗意的世界。原来她是一个喜欢写诗的孩子，她把她的心里话都写在这个本子上，而不是与周围的同学交流。下一次见到她时，我表达了我的惊讶和赞许，并针对诗中的内容请她讲解。她慢慢露出了笑容，然后骄傲地告诉我，她写了好几个本子了，这是我第一次看到她眼睛里闪着光芒。后来她每一次写诗都会送过来给我看。

一天放学，我找到她，给了她小小的建议：在班级的教育云空间里发表她的作品，我也可以在休息时间将电脑提供给她使用。渐渐地，她有了一群粉丝，对自己有了认同感，也有了自信。课下，有时候还跟同学谈谈她写的诗、看过的书。慢慢地，我也看到了她的笑容；渐渐地，都能在远处听到她爽朗的笑声……在这一年里，她的变化让周围的同学和老师大为惊讶。现在她已经毕业，可是还在继续写她心里的诗歌。

◆简析与研判

帮助学生转变孤僻的性格，并无固定的套路。但是我们一般会先深入研究成因，后采取措施。在李京的转变过程中，老师没走“套路”，而是在观察发现的基础上采用了细致的措施，师生之间便建立了信任，实现了心灵的沟通。面对不爱说话、腼腆、较孤独、有自尊心、有事常闷在心里的学生，老师只有用真诚、信任、尊重、欣赏，才能帮助学生打开心扉。

◆教育措施

已用措施：细心观察，从该生兴趣爱好入手，了解她的性格和心理上的问题。兑现承诺，陪同练笛，教其曲子，尊重其意愿不擅自扩散她写的诗。提出具体建议，引导该生在班级展示自己的特长和才干，学会与同学交往，调整心理状态，从而树立信心。(效果：很好)

拟用措施：在全校或班级成立读书（诗）会，推荐李京当会长，营造热爱读书的氛围。组织班级文娱活动，安排李京表演竖笛或参与其他节目。建立每（半）月一次的以文（诗）会友活动，创造同学交流的机会。

与家长交流，通报孩子在学校学习及逐步变得开朗的情况。建议家长和孩子一起做家务，带孩子多出去走走、散步，有条件可安排短途旅游等，让她多开口说话。老师带李京适当参加校外活动，如观摩演出、参加荆楚讲坛等。

禁 忌：鼓励其在 QQ 空间等社会性质的社会网与他人交流，释放情绪、解除孤单。以分析成因为由，过多地探听询问学生的家庭背景等情况，触及隐私或“痛处”引发反感。不兑现承诺，不讲究方法，失信于学生。发现学生竖笛背后有故事，“围观”表示好奇，议论以示关注，明知自己可以提供一定的帮助，而不付诸行动。

因考前座位被调整拒考

案例撰写：熊燕珍，湖北省洪湖市中学教师

李晓曼的父母长期在省城务工。她上初中后，父母将她交给她的表叔张老师托管。张老师看在亲戚的面子上，加上自己的女儿也在同一年级，就答应托管。李晓曼平时做什么事情都满不在乎。成绩虽好，但学习不太认真，语文家庭作业有时空着，并不做完。上课听讲，也是高兴就听，不高兴就不听。做早操动作懒洋洋，很不规范，一切表现都很自我。

今年春季开学，李晓曼坚持要调换班级，我感到很奇怪。再三追问，她才说是想调到张老师女儿同一个班。开学的时候她执拗不来上学，她妈在家拿她没办法，天天在家陪着，没法去上班。学校让我去劝她上学，我家访到她家，她有意回避我。我带去的班上三个和她关系较好的同学劝她，她也不答应回学校上课。她妈妈说她从小就任性，说怎样就怎样，为此挨过不少打，可就是改不了。正是因为她执拗，她妈妈也希望我同意她调班。

去年期末发生了几乎同样的一幕。安排考试座次，我将平时成绩好的与成绩差的同学交叉安排座位。放学后，张老师的家属突然找我，说李晓曼回家后一直在哭，不知是什么原因。问她也不说，所以担心白天发生了什么事。我回顾了白天的情况，班上很正常，没有发现任何意外。我立即询问同学，同学都说不知道。张老师家属再次找到我说，李晓曼说是因为她的座位被挪了一个位置，而她不愿意挪。若不挪回来，她就不参加考试。张老师家属没办法，求我给她还原。李晓曼还打电话给她远在省城的父母。

父母听到她的哭诉，担心她倔强，立马放下工作，连夜从省城赶回镇上。

◆简析与研判

执拗是逆反的表现形式之一。执拗的学生往往是“你越不让我干的事，我偏要去干，看你怎么办”。老师或家长怎么劝说，学生一概反对，不响应、不配合。小孩因与父母的情感交流缺失或不足，有时会用执拗来发泄对外界的抵触情绪，或表现得很自我。而父母采取百依百顺的方式，满足其不合理要求，以此偿还情感“欠账”，实质上起到了怂恿其不良行为的作用。

◆教育措施

已用措施：不管学生是否愿意见面，老师仍然主动找李晓曼同学谈心。答应张老师家属的请求，给她还原座位，让她安心参加考试。及时与其家长联系，说明老师排座位的意图，让家长参与做小孩的思想工作，让小孩摆正心态，直面问题。(效果：一般)

拟用措施：安排考试座位之前，向全班通报，班级将按学校要求，在期末考试中调整座位。讲清调整座位是为训练学生适应考试环境，本次只是在同一间教室换个地方，仍然在自己的桌上考试。调整其邻桌同学的位置，不搬动李晓曼的桌子。

与家长协商纠正李晓曼执拗性格的具体办法，并明确各自的措施，做到家校一致。加强与李晓曼的联系与交流，增强师生的亲近感，相机做好思想和心理疏导工作。主动安排李晓曼参加班级的集体活动，让其在交往中学会沟通、协商、让步。

禁 忌：任由她的性格，想怎样就怎样，任何人不干涉。在同学中采取排斥、疏远的办法，“你不听我们的规劝，我们还懒得理你呢！让你走向社会后去碰钉子”。大小事情都请家长出面，给学生造成老师和学校对她的行为毫无办法的印象。

嫉恨学习成绩优秀的同学

案例撰写：陈丹青，武汉市武昌区小学教师

一天下午放学后，我在校门口碰到唐黎华的妈妈并告诉她："黎华已经走了一会。"她却说："陈老师，我是看到她离校后才进来的。我早就想来告诉您，在您外出支教的一年里，小孩变化很大，对学习越来越没兴趣。我要她向优秀生学习，她不乐意。开始听到我提学习好的同学，她还会说那些孩子这不行那不行，后来不吱声，对我不耐烦。"我就劝她不要责怪孩子不如他人。她妈妈说："是呀，有一回她还说活着没有意思。我不敢多说她了。"

支教返校后，我也意识到唐黎华的确有很大的变化，上课经常走神，喜欢啃手指甲，且神情紧张。期中测查后，我发现她基础知识不牢、阅读缺乏积累、书写质量不高，和同学相处时很不自然，甚至有些不合群了。记得一年前，唐黎华跟班上几个成绩好的同学总是在一起玩耍，当他们遇到困难时，她会主动上前去帮助。现在，她会远远地在一旁看着。记得张慧曾告诉我，唐黎华经常用眼睛瞪他们，总是很生气的样子。

其父亲身体残疾造成性格急躁和偏激，用孩子母亲的话来说，就是语言"刻薄、难听，有时成年人都听着受不了"。我与其母亲联系比较多，唐黎华因此很信任我。其母亲来访后的第二天，我把唐黎华请到我办公室沟通。她腼腆地告诉我："我很怕我爸爸，只要我有一点点事情没有做好，爸爸就会骂我，还会打我。还要我报舞蹈班，学这学那。”“那你对自己一年来的表现满意吗？”我问道。她摇了摇头。我又问：“看到你的好朋友岳鹏、张慧经常得表扬，你的心里很不好受甚至有些恨他们，是吗？”她听后一愣，接着又点点头。“你觉得恨了他们是不是心情就好些了？”她小声地说：“没有，反而更烦。”“如果老师跟你提的建议能让你快乐，你愿意试试吗？”她点了点头。

◆简析与研判

小学生认知能力有限，很容易将自己受到的批评、指责、挫折等归结到相对自己更具优点的同学身上，因此产生嫉恨心理。有嫉恨心的学生一般缺乏自信，抗挫能力差。这既不利于自己的成长，又影响与同伴友好相处，任其发展后果十分危险。

◆教育措施

已用措施：耐心解释父母亲的处境和生活压力，规劝其理解家长的期盼。采取具体措施帮其克服学习上的困难，首先写好字，补习基础知识，减少基础知识方面的差错，提高成绩，增强信心。积极鼓励该生参加班级体育、文艺等集体活动，分散其课业压力，并建议家长适当调整校外培优安排。(效果：很好)

拟用措施：给学生提供施展其他才能的机会，利用其舞蹈特长，在重大节日庆典活动上，请该生当全校舞蹈艺术总监。将班级节目排练委托给该生，促使其改善与同学的关系，提高其班级归属感。有意安排一个曾令该生嫉妒的同学帮其工作，促其在活动中找回自信、学会合作。

细致疏导，讲清楚家长对其学习安排和要求与班级同学成绩好坏没有直接关系，只不过是作为参照对象，要有“心有莲花，他人就是莲花”的美好心态。帮助该生认识学习中的不足，引导其克服学习困难。教师承诺可以随时指导作业、辅导功课。劝家长改变教育方式，教育子女不要急于求成。

禁 忌：对成绩下降等问题的原因不加分析，对学生训斥和指责："别的同学成绩就是比你好，有本事你超过他们呀！"将该生二年级产生的问题归因于代班的班主任，却不主动想办法解决问题。忽视家庭特殊因素，让学生不要跟着家长的指挥棒跑，激化小孩与家长的矛盾。

多年的女班长突然请辞

案例撰写：宋望兰，武汉市东西湖区小学教师

六年级女生殷丽娜，担任班长多年，学习勤奋、活泼大方，在学校受到老师的青睐，在家受到父母的宠爱，是大家心目中理想的好孩子。我从五年级接手这个班后，也感到殷丽娜综合素质高，上进心强，在班级很有号召力，同学们都很佩服她。我对丽娜格外欣赏，把她作为全班的学习榜样，经常当众表扬她，她的威信也更高了。对于殷丽娜的一些小问题，我都是采取比较宽容的态度，心想哪个小孩完美无缺呢！可是，后来发生了一件意外的事让我很震惊。

那天上课时，我无意中发现殷丽娜和她周围的几个同学在传递纸条。为严明课堂纪律，体现一视同仁的管理理念，我板着脸厉声批评他们。点到殷丽娜时，她气呼呼地昂着头大声说："纸条是朱帝宏让我传的，又不是我带的头。"她居然会当众对抗我。为了维护班长的威信，也不影响上课，我没有就此过多地纠缠。下课后，我单独和殷丽娜谈话，她依然一副理直气壮的样子："我只听父母的，不用听老师的。""你是一班之长，应该知道在家听父母的话，在学校接受老师的教导啊！""当了这么多年的班长，我早当烦了。"她不屑地说，眼泪流了下来。"如果你真的不想当班长，我可以考虑换人。"我递给丽娜一张纸巾接着说："我知道你为班级工作很辛苦，我在班上说过我们都很感谢你，而且要学习你的好行为。"殷丽娜听着，也不答话，默默地哭着走了。

放学后我给殷丽娜的妈妈打电话，她妈妈难为情地说："这伢被惯坏了，您别生气啊!"我真诚地回应："我对她的期望高，孩子压力大，难免有情绪，我希望她能保持良好的情绪，争做优秀的毕业生。即使她真的不想担任班长了，我也依然支持她、喜欢她。"

◆简析与研判

有一部分中小学生，学习成绩比较好、不惹是非、家长宠爱、老师赞赏、同学拥戴，很少经历挫折或批评。然而他们长期处于顺利环境之中，缺乏对逆境的认识和体验，一旦听到逆耳之言或经历打击、挫折，骄娇二气则会暴露无遗。老师的批评只是导火线，骄娇二气迟早会被引发。培养学生，适当让其认识和体验逆境也是重要的教育内容。

◆教育措施

已用措施：及时与学生家长沟通，争取学生家长的理解，转达老师批评的善意，并请家长协助做好小孩的思想教育工作。事发第二天，与殷丽娜单独交谈，肯定她能事后面对自己的不足，希望她能克服骄娇二气，相信她能继续当好班长。坦诚告诉殷丽娜因老师对其期望很高，所以才要求很严，相信她能从思想上接受批评，并表示：老师以后会更加讲究方法。(效果：一般)

拟用措施：对待班干部和品学兼优的学生严慈相济，坦诚告诉他们，老师对其要求和标准会更高。根据学生个性给予关心、鼓励、警示、包容，充分考虑教育方式的预期效果。老师在班级列举骄娇二气在同龄学生中的各种表现，让同学们分辨是非，注意改掉骄傲自满、自以为是、意志脆弱、怕苦怕累的毛病。

组织班委会成员，总结递条事件，找出差距、分析原因，开展批评和自我批评。择时组织主题班会——“帮我纠缺点”等，让同学有机会听到逆耳之言，尝尝挨批评的滋味，同时认识人无完人、每个人都需要批评和帮助。借用身边受挫折或逆境成长的典型事例教育学生，让其克服骄娇二气。

禁 忌：与优秀学生过于亲密，缺乏距离感，造成优秀学生产生盲目的优越感。对他们的缺点或毛病视而不见、听而不闻，过于信任和宽容，即使发现其萌发骄娇二气，也不引起重视。对他们批评急不择言、不注意场合，致使学生自感有失威信和体面，造成公开抵触局面。

女生为追韩星说走就走

案例撰写：梁盛欣，广东省江门市新会区中学教师

在去年5月的一个周五晚上，七（6）班的班长心急火燎地跑来告诉我："梁老师，可能出事了。李韵熙和章湘芬拿着行李离家出走了，可能要到韩国去。"忙碌了一周，还没来得及放松的神经绷得更紧了。不等听完班长大致的情况报告，我就先后拨通了这两个女生家长的手机，通告了相关情况。

近一段时间，我也观察到李韵熙和章湘芬常常在一起嘀咕，课余用手机上网。每当与同学们谈到韩星偶像时，显得格外兴奋、极其羡慕，还说有机会要到韩国去追星。

学校中追捧韩星的中学生的确不少，但真正要到韩国去追的还没见过，难道她俩真要出走追星？宁可信其有，早做准备；不可信其无，否则后果不堪设想。

家长接到消息后非常焦急，动员亲友四处找孩子，我也参与其中。班级部分学生干部和老师也跟着一起忙碌。那一夜，两个孩子果然没有回家，去向不明。据父母回忆：两个孩子在临走前还带了身份证、手机、几千元现金、十多万元的银行存折等物品。很明显，这是她们有目的、有计划地出走，很可能已经离开本地。

第二天，父母报警，警方查看各地监控视频，采用手机网络定位追踪

等，发现孩子已在百里之外的广州，但仍不能找到她们所处的具体位置。外出的第四天，根据李韵熙和章湘芬采用实名制买火车票的记录，公安部门在一列往北京方向驰骋的火车上找到了她们。经过警方的积极努力，在两个孩子出走的第五天，她们的父母终于见到了她们，一颗颗悬着的心终于放下了。

◆简析与研判

青少年追星多出于冲动、从众心理等原因，却也能反映青春期孩子正常而特殊的情感和心理需要，追星是花季少年都可能经历的事情。作为父母，要善于观察，及时引导，但不必过于紧张，同时也要经常与孩子沟通，站在孩子的角度看问题。作为老师，也要多关注学生动向、心理变化，尤其要注意，发现苗头后，及时做好教育引导工作。

◆教育措施

已用措施：紧急处置，通报情况，配合家长抓紧寻找学生下落。回校后，分别找两位同学个别谈心，从离家外出带来的人身的安全、父母的担忧、同学的挂念、班级的影响等问题入手，帮助分析其行为的危险性，并从孩子的角度和朋友的口吻引导她们明辨是非。借机讨论人生观、价值观等，引导学生将兴趣和兴奋点转移到学习上。(效果：很好)

拟用措施：尊重学生并充分重视对学生的心理分析，了解学生的个性心理，并从中摸清学生追星的根本原因。通过召开主题班会，帮助学生认识“出走”“追星”问题的危害性。动员学生以自身的异常经历以及造成的影响为例，向同学诉说冲动带来的潜在危害，引导学生学会调节和控制情感。

加强与家长沟通合作，了解学生的家庭背景，掌握亲子关系和家庭教育情况。在班级管理中善于观察苗头，有预设教育理念，善于发挥班干部作用，及时发现问题，将不良苗头消除在萌芽之中。定期举办青春期心理辅导讲座，重点做好个性化学生的心理疏导。

禁 忌：怀疑或忽略班级同学提供的信息，反应迟缓，处置不及时。面临紧急情况，家长和老师相互指责，推卸责任，浪费寻找时间。对当事学生严厉指责批评，一味说教，失去耐心，或不顾学生自尊心，当众在班里批评教育，发泄怨气。

金口难开的小学女生

案例撰写：姚卫平，武汉市蔡甸区小学教师

三年级女生邢小芳，就住在附近的村庄，是个性格较内向的学生。在课堂上，邢小芳从来不举手发言，偶尔被老师指名回答问题，也是用最简短的话语，或者干脆不作答。在班级集体活动中，例如大课间、文艺演出等，她能不参加尽量不参加。同学们在体育课上组队做游戏，或下课一起说说笑笑、疯疯逗逗，打得火热。可是邢小芳从来都是独来独往，不与其他同学交流。总之，她不喜欢与同学一起游戏、运动、交谈。

家访时，老师想专门了解邢小芳在家里是不是也是话语很少。小芳妈妈说："这孩子太老实，从小就不爱说话。"我给家长提建议："家长可以多陪小孩说说话呀!"她妈妈说："小孩不说话，我们也担心。现在她还小，长大了还像这样不说话，怕是要憋出病来，那么办哟?"她妈妈接着说："我们大人平时都忙大人的事去了，也不知道该怎样教小孩子说话。其实，每天还是在跟她讲话，起床、吃饭都喊她。有时候也问她作业做对了没有，考试成绩怎么样。但是，她就是不搭理。"

起初，我以为孩子还小，害羞、胆小，不适应新的环境，不熟悉周围的同学，才不敢讲话、不爱讲话，期望她随年龄的增长能有所改变。做了邢小芳两三年的班主任，我越来越感到她需要帮助与引导。于是，有意识地安排班级活跃的女孩主动找她一起玩耍，鼓励她发扬优点等。现在邢小芳孤僻的性格开始扭转，脸上笑容增多了，上课也能大胆发言了。

◆简析与研判

排除语言障碍等因素，小学生不爱说话、伴有性格孤僻等现象，一般应该是环境所致。在婴幼儿阶段，邢小芳的父母很可能误以为小孩用不着讲那么多话，上学读书后就自然会说话，缺乏对孩子进行语言交流等方面的训练。以增强自信为主要目的的游戏、活动、引导等方式，将有助于该生改变孤僻少语的弱点，找回一个小女孩应有的天真、活泼、可爱性格。

◆教育措施

已用措施：认识到邢小芳孤僻少语问题的严重性，与家长深入沟通，建议家长增强与孩子的交流。引导班级比较活跃的孩子主动邀其参与游戏、体育等活动，促其融入同学之中，加强交流。与家长商定，共同对该生进行提高自信心的训练，对其所做的有意义的事都给予鼓励。(效果：一般)

拟用措施：用和蔼可亲的态度、商量的口吻，找机会尽量与该生平等对话交流，体现老师的关注和关心。对该生的每一点进步及时予以肯定，鼓励其树立“我可以、我能行”的自信。指导该生学习如何与人沟通，从鼓励该生大胆提问、课堂积极发言、找个小伙伴做好朋友做起。

将班主任针对该生采取的措施通告科任老师，协调科任老师与该生多沟通交流。发现或培养该生的兴趣或爱好，例如教唱歌、做手工等，促其有话要说、有话想说，或提供机会展示，增强其自信。向家长通报小孩的进步，让家长告诉孩子老师来电话专门表扬了她的进步。

禁 忌：对该生不爱说话、行为孤僻的特征急于盲目下结论，误认为是孤独症或抑郁症。对该生不愿意参加班级游戏等活动予以严惩。采取不当的激将法，用过激的言辞训斥，“就像个闷葫芦”。认为该生的弱点长期如此，视而不见，不相信能有办法将其缺点纠正过来。

疑心如此之重才转校

案例撰写：张湘文，武汉市武昌区小学教师

国庆长假过后，校长带着一位我未曾在校园见过的小朋友，高高兴兴地朝我走来，见面就说："张老师，我给你们三（3）班带来了一个学生。祝颜，这是你们三年级的张老师。"祝颜用很细小的声音喊了一声："张老师好！"还没等我开口问缘由，校长接着说："祝颜同学因家里有些原因，是从一个全省知名的小学转过来的。你们（3）班还有学位，就请收下，如何？"校长有考虑，学生在眼前，我当时没多想就收下了，带着祝颜到了（3）班。

为何祝颜去了全省知名的小学又要转出来呢？直到不久后与其家长见面谈起小孩的教育问题，我才弄明白是怎么回事。

祝颜上一年级的时候，"择校"尚存一丝空间。家长想尽办法将小孩送进了理想的学校。但入学后孩子经常与同学和老师发生矛盾。有一次，祝颜把同学的书包弄到地上去了，同学让他帮捡起来，祝颜就是不干。他还说："我又不是故意的。"小朋友找到老师评理，老师问清情况后，认为祝颜应该帮同学捡起来，还应该说："对不起，我不是故意的。"祝颜认为是同学在欺负他，老师处理事情不公正。类似矛盾不论大小，每次祝颜都认为是老师和同学在故意"整他"，他疑心越来越重，直到后来不愿见老师和那个班的同学。他的班主任上门家访，做了很多工作都没用。祝颜宁可在家自学也不愿回到那个班、那所学校，家长没辙，只好再次“择校”回到自己的学区。当时，我们学校正在做小班化个性化教育实验研究。作为班上的科任老师，我自然就把这个孩子作为研究对象进行个性化教育。通过与祝颜的交流以及一个月的教学观察，我发现他确实有些不好的习惯。于是，在实验研究过程中，我采取了比较有针对性的措施，纠正祝颜的不良习惯，助其走出心理误区。

◆简析与研判

祝颜存在一些不良行为习惯，造成同学与老师的反感。面对他人善意的提醒与批评，祝颜反而总认为别人欺负他、看不起他等，从而疑心渐重，造成心理问题。转学为权宜之计，只能改变学生学习的外部环境，并不能彻底排除其自以为“他人过错”带来的疑心过重的心理问题。要使其开朗起来，正常地与人沟通交流，必须培养良好的行为习惯，消除其内心的困惑。

◆教育措施

已用措施：在班上特别是课堂表扬祝颜数学思维敏捷的优点，鼓励其在数学课堂学习中增强自信。课堂教学中发现该生学习习惯不好的弱点后，单独谈话，指出问题，并指导其如何修正。遇该生与同学发生争论，当面淡化，事后单独找其谈话，问情况讲道理，正面引导其认识自身的缺点与不足。(效果：很好)

拟用措施：利用伙伴互助的方式，让学生共同帮助，用集体的关心、爱护让其感受到同学的关爱。遇到问题或发生矛盾后，先耐心听取该生陈述理由与过程，然后找相关同学核实，体现老师对其意见和态度的重视。鼓励该生多参与班级活动，对该生在互动中的表现，在班级每周点评或班会上给予肯定。

择时与祝颜一起就其阶段性的学习和行为等方面的表现情况予以小结，引导其逐步学会认识自己的弱点。与班主任和其他科任老师交流，将数学课堂上对祝颜采取的教育办法试用到其他课堂。与家长沟通，通报小孩的进步，统一口径，称其进步来自他本人的努力，而并非完全是因为转校的缘故。

禁 忌：当该生与同学、老师发生矛盾冲突时，当众斥责。针对学生疑心过重的问题，动辄训斥，“一个小孩成天疑神疑鬼，你值得老师和同学成天惦记吗”，伤害学生自尊。老师对于纠正学生习惯不好的缺点，缺乏耐心，指责学生不讲道理、有错不认就是个“小顽固分子”。

有位男生性格阴柔

案例撰写：彭瑾，武汉市武昌区小学教师

“老师，赵奇锦又打人了！”随着一群孩子前来告状，只见赵奇锦一只手指放在嘴里，白了一眼告状的学生，嘴里说着：“我没有打人，不是我打人。”看着眼前的赵奇锦，我无奈地摇摇头。这样告状与解释的场面每周我都要见证多次，细说起来，同学们告状用的“打人”这个词并不十分准确，而是赵奇锦的不适当动作引发的小小纠纷。

赵奇锦是一名长相很斯文的男孩，比同龄男孩要高一点，皮肤很白，每天穿得干干净净。我刚接手这个班的语文教学时，他学习成绩不太好。可我怎么也不会想到他会成为一个非常特别的学生。说他特别是因为他是男生却不喜欢跟男生玩，总喜欢扎到女生群中。时间长了，班上的男生就不搭理他，可女生又非常排斥他的一些小动作。比如他常常拉拉女生的小辫子，有机会就拍拍女生的头等，很快就把女生惹烦了。女孩在一起玩耍时，只要赵奇锦走过来，她们就各自分开不理睬他。

这次同学告状后，我又找到赵奇锦，想问问他是否知道自己不招人喜欢的原因。可赵奇锦却满脸无辜地说：“我不知道，我就是喜欢和她们一起玩呀！”“那她们不喜欢你拉辫子、拍头，你应该尊重同学，应该改掉这些习惯。你愿意试着改变一下自己吗？”我想尽量劝他有所改变，并接着说：“班上有一半的同学是男生，你可以跟男生玩呀！”他回答说：“男生他们的玩法太疯狂，我不喜欢。”赵奇锦的行为举止虽然没“出格”，但我对他还是有些担心，唯恐这种阴柔的性格会伴随他到成年。我专门约家长见面，谈到小孩的性格，家长也认为儿子温顺、阴柔，过于黏糊，缺乏阳刚之气，但实感无奈。家长特别希望从老师这里得到帮助，一起帮助赵奇锦扭转阴柔的性格。

◆简析与研判

对于案例中的小学男生显现出阴柔性格，要从心理因素和家庭教育等方面找原因，重点分析小孩成长的家庭环境以及在其成长过程中对其影响最大的家庭成员的生活行为、教育引导方式。家长或其他监护人包办太多、溺爱，或将男孩当女孩养等行为都有可能导致小男孩形成阴柔性格。改变小男孩的阴柔性格，最重要的是改变周围的环境，用言行耐心引导，持久下去定可见效。

◆教育措施

已用措施：与家长沟通，对小孩存在的性格问题统一认识，明确老师和家长在纠正小孩性格问题中的角色。与赵奇锦进行个别谈话，进行开导，引导其改变行为习惯，尊重女生，多与男生一起玩耍。在班级做好学生工作，尤其是动员部分男生主动接近该生，并为其物色一个好朋友。（效果：一般）

拟用措施：动员该生积极参加班级和学校组织的体育运动，或组织班级男子篮球队，邀其参与活动。发现或培养该生的业余爱好，协调一名科任男教师带领该生参与活动。建议家长或其他男性监护人带小孩参加户外活动，去游乐场，到沙（海、江）滩等地，体验游乐与运动的乐趣，锻炼其胆量，培养其勇气。

建议家长改变教育理念，逐步杜绝溺爱行为，适当要求小孩承担出力的家务。陪同该生观看表现阳刚之气、军人精神等题材的故事、电影，事后点评引导。通过卫生与健康课以及个别引导等形式，引导该生逐步形成比较明晰的性别意识。在班级以及规模比较大的活动中，让该生出头露面，助其练胆识，消除害羞心理。

禁 忌：言语上过多指责，“一个大男孩怎么这么黏糊，你还是不是一个真正的男孩”。鉴于该生的举动不是“下流动作”，并没有真正伤害同学，便视而不见，对女生告状不予理睬。以为小孩什么也不懂，长大就好了，放弃对该生阴柔性格的干预。

同学们喊他“猪八戒”

案例撰写：魏纯，武汉市洪山区小学教师

一天早晨学生陆续进入校园，三（3）班的一位学生家长就到学校找我，班上的学生将这位家长送到我的办公室。见面后，家长说：“老师，这么早就打扰您，是因为有件急事。”当时我安慰说：“不要急，不要急！您慢慢说。”家长缓了一口气接着说：“我是陈欣焕的家长。昨天儿子回家后闷闷不乐，一直不说话。我们问他有什么事。问了好半天，他才说他不想活了。吓死我们了。”听到这里，我也吓得不轻，小小年纪，怎么说出这样的话呢？不过昨天陈欣焕在学校还好好的，没有什么异常呀！家长告诉我，陈欣焕说他在学校里，同学们都不喊他的大名，而是天天喊他的绰号——“猪八戒”。同学们喊的时候，都是取笑、轻蔑的口吻，其实就是在嘲笑他长了一对招风耳。

真没想到，学生之间取个绰号惹了这么一出。思索之后，我在班级做了一次匿名调查，发现取绰号在班级比较普遍，只不过有的绰号是根据性格特点取的，并无恶意，一般不会引起反感；而另外一些绰号，则是根据身体特征甚至缺陷取的，多少带有嘲笑、讽刺的味道，使人反感，甚至当事人感到自己被人侮辱。我找到陈欣焕同学，与他认真地进行了沟通。陈欣焕低头胆怯地说：“我觉得我长得很丑，他们笑我的耳朵长得像猪八戒。”我很理解陈欣焕的感受，并劝慰他不要计较同学们喊他的绰号，更不要因为一个绰号就影响到对自己的认识、对个人生命的认识与珍惜。随后，我在三（3）班上了一节关于绰号的心理课，引导班级同学停止相互取绰号的行为。

◆简析与研判

学生对绰号的看法与感受不尽相同，有的虽谈不上喜欢，但还能接受，而有的则让人极为反感。引起反感的绰号不外乎是想搞笑取乐、显摆智慧、取笑缺陷、攻击对方、侮辱人格、伤害自尊，直至挑起是非。因此，要对学生进行必要的教育引导，消除取绰号的负面影响。

◆教育措施

已用措施：高度重视学生中取绰号的现象，匿名调查摸清全班取绰号的基本情况。安抚家长，并对陈欣焕进行个别心理辅导，劝慰其不要受一句话、一个名称的影响，更不能因此而改变自己对人生和生命的认识。采取措施，结合卫生与健康课教学，专门上一节关于绰号的心理课，教育启发学生悦纳自己，特别是接受自己的缺陷与不足。(效果：很好)

拟用措施：教育启发学生设身处地，站在被叫绰号学生的角度思考问题，不要乱取绰号。组织全班同学就“绰号”展开辩论，分清利弊，避免给同学取绰号。对班会讨论适时总结，引导同学在相处中互相尊重、真诚相待，提醒学生取笑同学身体特征或者缺陷可能导致严重的后果。

向学生讲悦纳自我的小故事，启发学生不要过度在意自己的长相。列举匿名调查中获得的有积极寓意、蕴含智慧的绰号，让学生正确对待绰号，懂得一点幽默与宽容。与家长沟通，建议家长劝慰小孩将注意力放在学习上，同时宽容同学，避免发生“以牙还牙”的过激行为。

禁 忌：公开批评取绰号的学生，引发学生之间因绰号而产生的怨恨。批评陈欣焕对绰号的反应过激，“不就是喊了个猪八戒吗？谁叫你长这么一对好看的耳朵”，“一个男孩这么一点小事都经不起，还要死要活的”。错失对学生进行相处之法以及珍惜生命教育的机会。

第五编 生活卫生

从性朦胧到性发展和性成熟阶段，青少年学生对性的好奇心日趋增强，但又缺乏科学的性与生殖健康知识的有效引导。一旦接触“尺度大”的影像制品，他们便表露出“好奇心”“刺激感”“模仿欲”等，这毫不奇怪，但老师、家长不能不问不管。

青少年学生漠视生命、轻视生命不是个别现象。他们中有的沉迷于网络游戏，又缺乏基本的判断能力以及必要的教育和引导，必然对游戏虚拟与现实生活混淆不清。既要分析个案原因采取针对性措施，又要普遍对学生开展生命安全教育，如此才能让学生从小懂得真实的生命要珍惜，现实的人生须拼搏。

教育小学生学会上厕所，正确使用卫生设施是基本的生活常识，也是容易做到的一件事。然而，很多小学生，尤其是男生不一定就做得很好、很规范。秦森的行为不仅暴露他的卫生习惯不好，而且暴露他缺乏必要的隐私意识或羞耻感，须从小、尽早加强引导与训练，不然对其成年后的卫生习惯、羞耻感等仍然会产生负面的影响。

课堂惊险一幕

案例撰写：吴利荣，湖北省汉川市小学教师

我长期在一所村小担任一年级的数学老师。面对一双双好奇的眼睛，我充满了热情。去年秋季开学不到一个月，就把40多个孩子的名字和家长全对上号了。

高兴之余，班上却发生了一件令人害怕的事。那天下午的自习课上，我突然发现学生王佳欣的脸有点发白，嘴角还有一些白色液体。我以为是牛奶，可孩子的脸色很难看。我立刻走过去摸了摸孩子的头，不烧，接着问她哪儿不舒服。她说："老师，我想吐。"我急忙问："你吃了什么？"这时，王佳欣的同桌告诉我："曾键给她吃了糖的。"于是找出了"罪魁祸首"。天啊！这哪是糖呀，明明是一瓶没有名称的药丸。由于时间较长，瓶上所有标签都掉了。孩子们听见是药丸，好几个孩子都说："我也吃了，我也吃了……"原来，平时学校不让带零食、玩具上学，孩子们就偷偷地带了吃。我赶紧联系王佳欣的家长并叫上一位男老师陪同一起上医院。

事后，班主任找到曾键小朋友问明情况。曾键说："早上我跟妈妈要零食带到学校，妈妈说家里没有零食，还说上学就上学，还带什么零食。"班主任说："妈妈说得对。小朋友上学不该带零食呀。那你怎么想到要带零食？"曾键低着头不做声。班主任接着问："你不知道瓶里是过期的药吗？""以前妈妈用塑料瓶子装过糖，我趁妈妈不在她房间的时候，从抽屉里拿到瓶子就上学了。"知道自己惹祸了，曾键有点害怕。班主任只好安慰他：

“这次幸好没事，不用怕。以后想吃东西的时候，就找爸爸妈妈买，不要乱拿家里的东西吃。”曾键小声说了一句：“我没有爸爸。”

◆简析与研判

从这次意外事情中不难看出，曾键带零食到学校是想以此结交小朋友。而喜欢与小同伴玩耍是儿童社交本能的表现，但是他们因年幼对零食等食品安全与卫生缺乏基本常识。若社交欲缺乏必要的引导或满足，孩子可能会逐渐产生自卑心理；食品安全与卫生的基本常识不增强，若误食会产生严重的后果。

◆教育措施

已用措施：与班主任一起引导学生用恰当的方式与同学交往，友谊不是用糖果可以换到的，重要的是要对同学友善，并互相关爱帮助。电话联系家长，建议与小孩更多地交流与沟通，或引导其与邻居的小孩一起玩耍。提醒家长将对儿童不宜的物品存放在安全的位置。(效果：很好)

拟用措施：以此为例子，告诉全班同学，不要随意吃他人给的东西，防止病（祸）从口入。班主任可多组织班组活动，如游戏、舞蹈、体育等，为全班同学正常交往创造机会。在家长会上或家访时，提醒家长关注学生的零食，并确保食品安全与卫生。

重点关注有特殊家庭背景的学生，多与其家长沟通，平时注意学生在校的行为举止。安排几个略微懂事一些的小同学多与曾键交往，让他感到有同学愿意与自己做朋友，增强自信。在全班重申不让带零食到学校的规定，并落实学生小组长监督制度。

禁 忌：事发后，责骂孩子，并用严厉语言恐吓，如“再发生这样的事就不让来上学，吃零食得病要你们家里赔医药费”等。对家长不是耐心沟通，而是不停地责怪，甚至明知是单亲家庭，还“哪壶不开提哪壶”。

想花1000元去买双鞋

案例撰写：尤京国，湖北省松滋市中学教师

我当班主任时，一名叫孟智的学生家住农村，父母亲都在外地务工，爷爷奶奶在家照看他上学。他的家境在当地农村属于中等水平。孟智头脑聪明，成绩优异，人也长得很帅，很受爷爷奶奶溺爱，生活上一般都是有求必应。

一天双休日返校时段，孟智的奶奶急匆匆地来到学校，伤心地找我倾诉孙子回家与爷爷闹别扭的事。星期日，孟智找爷爷要钱，说去买鞋子。爷爷问需要多少钱，他说要1000元。爷爷一听气得不行，说："1000元是你妈半个月的工资，你知不知道？哪能花1000元去买双鞋？我手头上就只有这些。"说话间，爷爷掏出200元递给孙子。孟智接过200元钱后毫不犹豫地撕了，和爷爷大吵了一架，不打招呼就返回了学校。爷爷奶奶又气又伤心，束手无策，还怕孩子有过激行为，只好求助于老师。

听完奶奶的诉说，我也很气愤，但强压住怒火。把奶奶送走后，我把孟智叫到办公室。显然，他知道奶奶找过我，开始还一副委屈的样子。在我一再追问下，孟智才慢吞吞地道出真相。原来，班上有几个家境很好的男同学，经常穿名牌，一双名牌运动鞋就要1000元左右。孟智也想要一双，所以才向家里提出要求。"过去爷爷什么要求都答应我，没想到这次爷爷想都没想就直接拒绝了。一想到连一双喜欢的鞋子都穿不上，我心里好难受，就跟爷爷吵起来了。"说到这里，孟智自感理亏，开始认识到自己错了。

◆简析与研判

过去有求必应，今朝断然被拒，孟智同学攀比的是时尚，要的是面子，想满足的是虚荣心。盲目攀比会逐步升级，若不及时教育纠正，虚荣心有可能飙升，学业有可能逐步荒废，还可能因一念之差误入歧途。

◆教育措施

已用措施：心平气和地与孟智谈心，倾听他的心声，平等地与之谈话。弄清楚情况后，采用冷处理方式，先让他冷静反思一天。再次谈话时，该生已有所悟，知道错在哪里，教师顺势深入谈谈虚荣心的坏处。结合家庭经济情况，劝其尊重家长，体谅父母生活的艰辛。推荐几本书给他，如《平凡的世界》(路遥)、《傅雷家书》等。(效果：很好)

拟用措施：通过家访、家长会等途径，建议家长对孩子的要求进行分析判断，切不可有求必应。在班级通过班会等形式，请长辈或先进人物讲述艰苦朴素、勤俭节约的故事，培养学生简朴的生活习惯。同时，培养学生在学习、运动、成长等方面敢拼敢比的精神。

教育学生在日常生活中从点滴小事做起，严格要求自己，排除攀比之心，改掉不良的面子观点。可联系家长，让学生参加一些力所能及的体验式劳动，或介绍父母工作挣钱养家糊口的艰辛。组织班级活动，引导学生核算学习生活成本，在消费上做到量力而行，不盲目攀比。

禁 忌：不问青红皂白，一味批评、指责当事学生，甚至以此案例在班上指名道姓公开批评，以求警示男生，遏制攀比之风。孩子考了好成绩，默许或暗示家长购买昂贵、时尚品奖励。言语刺激学生，“你想跟他们几个攀比，先看看你家能不能跟他们家比”，“不比成绩比穿戴，真没有出息”。

懈怠清洁轮值引发误会

案例撰写：邓嘉妮，武汉市青山区中学教师

参加工作不久，学校就安排我担任八（2）班班主任和英语老师，兴奋与压力可想而知。因经验不足，我选择走“亲民”路线，与学生打成一片。上半学期，孩子们很配合，相处甚欢。下半学期，我开始学会更加细致地观察学生的言行。

鄂智斌，物理课代表，聪明好学，灵活好动，对课代表的工作很负责任。但是，我注意到每次轮到他值日做清洁，他的表情和行为就有些异常。有的孩子也对轮值做清洁不情不愿，但是会按部就班做好。而轮到鄂智斌，他总是想方设法逃避。轮值的当天，他准会比平常到校晚一点，随便敷衍着做一做，用扫把在教室里“画大字”后了事。或者不紧不慢地收物理作业，拖到快上课没时间就不做清洁。后来，他就干脆“拼人品”，以为自己表现不错老师不会发现他这个小问题；“靠人缘”，以为与同学相处甚好就不会有人提意见。

一开始我以为这是简单的纪律和习惯问题。跟他沟通交流之后，他依然我行我素。于是，我便通过家长了解他在家的表现情况。家长的回答让我大跌眼镜：“不会啊，老师！鄂智斌会自己做饭，扫地更不用说，他很独立，很勤快的呀，您肯定是误会他了！”当我再次找他时，他说：“垃圾不是我扔的，凭什么我捡啊！学校制度不合理，应该谁扔谁捡！”

面对上述情况，我并没有批评鄂智斌，而是选择深入了解他、耐心引导他。过了一段时间后，鄂智斌开始愿意做清洁了，而且做得也越来越好了。

◆简析与研判

初中生已经完全具备打扫清洁等方面的劳动技能。本案例所阐述的不是学生会不会做的问题，而是反映了学生在班集体中较弱的责任意识，进而可看出学生的社会责任意识是否开始形成。多数小孩因家庭溺爱“家懒外勤”，而少数学生“家勤外懒”。这种现实要求学校必须利用学校教育和集体生活的优势，培养和增强学生的责任意识，尤其是社会责任感，以促进学生的全面发展。

◆教育措施

已用措施：平等沟通，听取该生的想法和意见，讨论维护班级和校园清洁的办法。耐心讲解，集体生活中个人的义务与责任，促其认识人的相互依存关系，在集体中应相互帮助。与家长再次沟通，肯定小孩在家热爱劳动的表现，建议家长劝其主动参加班级劳动，学会在集体中有所担当。(效果：很好)

拟用措施：组织召开主题班会：少丢一片纸，予他人方便；多捡一片纸，留自己蓝天。组织动员部分学生或全班学生到福利院、社区等义务做清洁，或参加维护交通秩序等活动。结合道法课，引用案例，向学生讲解责任意识和社会责任感。引导学生学会观察体验，安排学生列举、交流身边体现社会责任感的事例。

建议学校邀请像吴天祥这样的先进模范给学生做报告，发挥榜样的引领示范作用，形成助人为乐的风气。与家长配合，创造条件，在小孩不知情的情况下，鼓励其帮助他人，感受助人的快乐。以日常生活为例，教育学生大家都在享受他人的服务，并非都是有偿服务，从中学会感恩、学会回报。

禁 忌：直接批评式找家长，“你们的伢在班上怎么这么懒？连个清洁都不想做”。发现教室的清洁没做或没做好，当着全班同学面明知故问“今天是谁值日”，让当天值日生下不了台。开口闭口用一个“懒”字批评学生，暗示其找同学代劳。

学生动手体验捡垃圾

案例撰写：李双红，武汉市东西湖区小学教师

我们学校地处城乡接合部，校园比中心城区一般的学校要大一些。现有两千多名学生，大多数是进城务工人员的孩子，学生家庭的经济条件参差不齐。

去年10月，学校举办秋季运动会，按班级划定了休息区域。这下可热闹了，同学们大包小包，吃的喝的应有尽有。一天的运动会下来，操场上甚至整个校园里到处都是塑料袋、饮料软包、纸屑等，好一片狼藉！实在看不过去，我动员班上几个比较勤快的同学先把本班区域的垃圾清理一下。郑雪松一边捡，一边嘀咕："别的班都没留人捡，就要我们捡。好累呀！"也有同学附和："这跟平时没有什么两样，就是今天更多一些。"的确，校园里平时也有很多垃圾，乱丢的现象比较严重。学校也经常强调，要求学生不要乱扔垃圾，可是效果就是不明显。同学们在议论，我没有理睬他们，但我想难道养成不乱扔垃圾的习惯就那么难吗？

针对以上情况，我从自己的班级开始，对学生开展环保知识讲座，增强学生的环境保护意识及卫生习惯养成意识。同时，我还以身作则，经常主动弯腰捡垃圾。虽有些成效，但仍有些问题。

今年5月，我就乱扔垃圾问题，在校园专门观察了约一周的时间。发现在校园乱扔果皮、纸屑很普遍，极少学生见到地上有废弃塑料袋会自觉捡

起来，当着值日老师和值日学生的面不敢乱丢，但是没人监督时就缺乏自觉性，随意乱丢。

有一天下午，一个低年级小朋友喝完牛奶后将软包放在书包里，准备带回家。这时前来接孩子的奶奶接过书包发现空纸盒后，顺手就扔在校门口。小朋友赶紧说："老师不让乱丢垃圾。"奶奶却说："空盒子不丢到外面，还背回家去?"要让学生养成不乱扔垃圾的习惯，确实还有很多工作要做。

◆简析与研判

随地乱扔垃圾的现象比较常见。乱扔垃圾纯属是个人卫生习惯不好、环保意识淡薄而造成的，既影响市容，也破坏环境。虽然学生卫生习惯受家庭影响很大，但是学校是传承文明的场所，应理所当然地承担起培养学生良好卫生习惯的责任，保护和改善我们自身的生存环境，切勿因事小而不为。

◆教育措施

已用措施：老师发挥表率作用，用自己的言行去影响全体学生，让学生学有榜样。列举许多好习惯的案例，帮助学生了解好习惯对个人生活与发展的影响。带领学生制订本班班规，着力从卫生习惯养成入手。要求孩子们将自己在卫生习惯等方面的所学所得与家长交流分享，开展小手拉大手的活动。(效果：一般)

拟用措施：加大宣传教育力度，大力开展环保系列活动。同时老师以身作则，用自己的言行带动学生，发现习惯好的学生便树立班级榜样，发现习惯有转变的学生在班级中大力表扬。号召学生了解、收集身边的环保案例，组织环境知识竞赛，开展环保知识交流等活动。

利用集会、晨会、主题班会等对学生进行教育，对个人及班级环境卫生等情况进行点评。建议校长在全校开展班级清洁卫生检查和评比活动。在校区划分班级卫生责任区，实行班级卫生责任制。利用家长会或通过致家长一封信的形式，告诉家长学校正在开展的卫生习惯养成专项活动，争取家长的支持与配合。

禁 忌：抓一阵子，停一阵子，没有长远计划。只要求学生做，老师却不能做学生的表率。只要求师生做，却缺乏家长的支持。只有一般性号召，没有切实可行的措施，监督检查流于形式。

教室惊现不雅“模仿秀”

案例撰写：肖媛婷，武汉市硚口区小学教师

5月中旬的一个中午，五（3）班多数同学都吃午饭去了，少数同学留在教室里，有的在吃自带的盒饭，有的在嬉闹，也有的在看书。有个男生突然看到教室后面有三个男生正在做极为不雅的动作，还发出怪怪的声音。直到班上有同学起哄，他们才慢慢地停下来。后来班主任听到同学们嘀嘀咕咕，感到情况不妙，便将这三个男生找来问个究竟。

几经开导，三个男生说出实情：他们是在模仿成人电影中的动作。班主任感到惊愕！小小的年纪怎么看到成人电影而且还在教室里模仿？吴义刚说：“我一个人在家喜欢用家里的电脑上网。有一次发现了一个黄色网站，我上过一次后发现很刺激，后来就邀请胡如堂和陈启浪来家里一起看过。”“你们的爸爸妈妈知不知道你们上过黄色网站？”班主任问道。“吴义刚的爸爸经常不在家，所以我们到他家里上网没有人管。”陈启浪说。

在深入调查的过程中还进一步了解到，两天前，也就是在三个男生上了黄色网站后的第二天，他们还偷偷地摸过班上的两名女同学的胸和腰。班主任找两名女生分别谈话，一个说：“他们三个男生很坏。我自己很害怕，不敢跟老师讲，想跟妈妈讲，但她在外地打工，又怕电话里说不清。”另一个说：“平时借住在学校附近，周末才回家，还没想好该不该跟妈妈讲。”学校领导和班主任都很重视这件事，主动开展了教育、疏导等工作。

◆简析与研判

从性朦胧到性发展和性成熟阶段，青少年学生对性的好奇心日趋增强，但又缺乏科学的性与生殖健康知识的有效引导。一旦接触“尺度大”的影像制品，他们表露出“好奇心”“刺激感”“模仿欲”等，这毫不奇怪，但老师、家长不能不问不管。理想的做法是，学校和家庭提前进行性的知识教育和正确的引导，防患于未然。遇上异常状况，要细心应对，不可大惊小怪，也不能不问不管。

◆教育措施

已用措施：深入调查掌握情况，慎重处置，消除事发后潜在的隐患。家校合力，要求家长和学校统一思想，引起重视，根据五个学生的不同情况，分别与其家长沟通。建议男生家长多与孩子交流互动，杜绝浏览黄色网站；建议女生家长多关心其女，给予自我保护意识的教育。班主任要对五名学生分别进行心理疏导和辅导，告诉学生什么不能做。(效果：很好)

拟用措施：在校内高年级学段分男、女生开展生理卫生及性知识教育活动，消除学生对性知识的好奇心和神秘感。在疏导的同时，明确告诉涉事学生其行为发展下去会造成非常严重的后果。组织文娱体育活动，引导和鼓励男、女学生平时的正常交往，逐步帮助学生准确定位性别角色。针对女生特点，由老师给予自我保护常识方面的辅导。

在对涉事学生教育疏导的基础上，对他们表示充分的信任，相信他们有自我控制能力和自我约束能力。提醒和教育学生对不熟悉的网站不要产生好奇心，要抵御诱惑，坚持文明上网、上健康网。通过技术手段对校园网进行监管，建议家长对家庭电脑上网也采取相应的安全措施，严格管控。

禁 忌：对发生在教室里的不雅行为极为愤怒，为引起学生重视，反复强调，这简直就是“流氓行为”，让学生从心理上害怕甚至排斥“性”这一话题，或起到进一步强化其好奇心的作用。对男、女生的教育与疏导不讲究方式方法。应急处置之后，缺乏后续的跟进观察和教育措施。

反复染发背后的故事

案例撰写：余若琳，广东省惠州市中学教师

记得那是初一下学期，张溪茹和廖盟相约在同一个周末染了头发。星期一早晨，她俩顶着亮丽的染发到校，非常惹人注目。在去往教室的路上，张溪茹和廖盟感受到很多同学向她俩行“注目礼”，显得十分得意。她俩一走进教室，很多同学投来了羡慕的眼神，整个班开始起哄，几乎同时叫喊：“哇，好酷！”有个别男生竟然还吹起了口哨。

几个女生开始议论。张溪茹的同座说：“我也想染一下，就是没敢。”有个女生用欣赏的眼神看着廖盟说：“染发其实很好看，为什么学校不准我们染呀？”班长扭头看了又看，好像是在说：“染发违反校规，看看老师今天怎么处理你们！”准备上早自习课的我，早就站在教室外走廊里，目睹了班上这一短暂的热闹场面。

上课铃声响，我简短安排了当日的早自习后，把张溪茹和廖盟分别叫到了办公室，让她们认真阅读校规中对学生的发型要求：不烫发，不染发。并告诉她们染发的坏处及在同学们中的不良影响。张溪茹爽快同意了我的建议，并决定当天下午把头发染回黑色；而廖盟全程保持沉默，不回应我的任何问题。

当天下午放学后不久，廖盟的妈妈在电话中告诉我，孩子在家闭门大哭，无论如何劝导，她就是不开门。我第一时间赶到廖盟家，我隔着门一直叫她的名字，过了许久，廖盟终于把门打开。我抱着她轻声安慰，她被我的耐心和真诚打动了，答应把头发染黑。第二天，我还意外地收到了廖盟给我的一封悔改信。

◆简析与研判

学生染发，虽是简单个别事件，却涉及健康、审美和校规等几个方面。对学生的发型等提出具体的要求是中小学校的普遍做法，其目的是维护学生的健康，引导学生专注学习并树立正确的审美观，但是总有学生认为这过于苛刻。当染发对身体的伤害和在同学中的不良影响既成事实后，老师坚持原则执行校规，并非是在与学生“憋气”，而是通过具体事例教育学生从青少年时期起就要养成遵纪守规的习惯，做到令行禁止。

◆教育措施

已用措施：采取个别谈话方式，冷静、理性处理学生的染发问题，启发学生认识错误、改正错误。发现学生情绪反常后，在及时配合家长安慰学生的同时，坚持原则，并耐心劝说，不厌其烦地说服其还原头发本色。引导学生换位思考，理解和体谅老师严格执行校规的原委与难度。召开一次班会，让学生展开“美”的讨论，引导学生树立正确的审美观。（效果：很好）

拟用措施：让张溪茹协助开导，现身说法，劝廖盟一同改正错误。深入了解分析学生染发的动机，但必须要求其维护校规的严肃性，做到令行禁止。在老师的指导与引导下，让学生讨论何为好的中学生形象，让学生各抒己见，正确认识和对待时尚，达到自我教育的目的。

对学生知错就改的行为及时予以表扬。在做好染发当事学生思想工作的前提下，在班级开展“个人行为与团队纪律”的讨论，对事不对人，强化学生的纪律观念，将坏事变好事。平时与家长和学生交流时，强调仪容仪表对青少年学生成长的重要影响，建议家长配合学校及时发现和纠正孩子盲目追明星、跟潮流等苗头。

禁 忌：得知孩子染发的消息，第一时间请家长到学校，要求把孩子领回去强制染回，“什么时候染回去，就什么时候再上学”。在班级公开批评孩子违反学校纪律，甚至用“不伦不类”等话语训斥。既然头发已经染了，校长不追究，班主任只要求学生下不为例。

生命能否再网购一次

案例撰写：卢燕，湖北省红安县小学教师

小学高年段的学生，一般在十一二岁，其生命就像初升的太阳，充满生机、充满好奇、充满希望。然而，六（1）班的男生瞿甲颂与他的同龄人相比，性格多变，行为显得格格不入。他喜欢上网玩游戏，如果说他与同学有些交流的话，主要限于网络游戏的话题。

记得在瞿甲颂刚升入六年级不久，一天下午我上完第一节语文课后没有急于离开教室，而是在抓紧整理上课用过的资料以及学生的作业本。忽然间，一个身影快速从我眼前闪过。我抬头一看，只见瞿甲颂纵身坐在了阳台护栏的边缘。

看到他那惊险的动作，我吓得冒出一身冷汗。我们六（1）班的教室在六楼，若是从阳台上摔下去肯定会出事，甚至会伤命！我急忙冲上去拉下他，轻声细语地问：“瞿甲颂，你怎么了？怎么能上这么危险的地方去?”我丝毫没有责怪他的意思，这当然是害怕我的言辞激怒他。瞿甲颂天真地看着我说：“上面好玩。”他这把危险不当回事的回答让我刚才压制在心头上的担心与害怕陡然释放。我恼怒地说：“掉下去你这小命就没了！读六年级了，怎么还一点安全意识都没有？怎么就不知道让老师少操点心！”他却说：“生命有很多次，这一次没了，我还可以网购一次，我们平时玩电脑游戏就这样。”我被他的话惊呆了！

然后，我单独把他叫到办公室，平复了一下自己的心情。我耐心地告诉他每个人的生命只有一次，是世界上最宝贵的，不能用任何物质和金钱来交换……以后再也不能做这么危险和幼稚的事情了。瞿甲颂点了点头。

◆简析与研判

青少年学生漠视生命、轻视生命不是个别现象。他们中有的沉迷于网络游戏，又缺乏基本的判断能力以及必要的教育和引导，必然对游戏虚拟与现实生活混淆不清。既要分析个案原因采取针对性措施，又要普遍对学生开展生命安全教育，如此才能让学生从小就懂得真实的生命要珍惜，现实的人生须拼搏。

◆教育措施

已用措施：对学生的行为举动密切关注，敏锐做出应急处置，果断制止学生的危险动作。请瞿甲颂到办公室进行个别谈话，了解其内心真实想法，阐述生命的重要性，并对其危险举动进行教育。跟踪了解瞿甲颂的家庭成长环境，继续关注该生的言行举止，不间断地与该生交流沟通，防止其因对生命的错误认识再次出现危险举动。(效果：很好)

拟用措施：以“珍惜生命”为主题组织班会活动，让学生通过讨论，认识生命的美好与存在的意义。布置班级生命教育专题宣传活动，让学生搜集关于生命的名言警句，撰写个人对生命的认识，并办成手抄报或开辟专栏，营造热爱生活、珍惜生命的氛围。结合语文等课程教学展开生命教育，唤醒学生的生命意识。

改进学校教育工作，减轻学生课业负担，增加文娱体育等活动，让学生体会和感悟童年的幸福与快乐。联系学生家长，建议其关注小孩成长中的心理健康等问题，采用一定的话语或形式表达父母的爱、家庭的爱以及小孩在家庭的重要性。建议学校对校内建筑设施以及安防措施等进行全面检查，排除安全隐患。

禁 忌：忽视学生漠视、轻视生命的心理，把学生生命“可以网购一次”等错误认识仅仅当成玩笑。危急时刻滥用激将法。应急处置后，缺乏后续跟踪的生命教育活动，就事论事，缺乏长久的教育措施。

小男生厕所内不讲卫生

案例撰写：鄂燕华，武汉市江汉区小学教师

在上一年级之前，几乎所有的小朋友都上过幼儿园。三年的学前教育为培养他们的生活习惯打下了比较好的基础。当然也有少数小朋友上了小学一年级，生活习惯仍然比较差。一（1）班的男生秦淼入学后，就经历了一个比较艰难的适应过程。

秦淼上课比较认真，所以学习成绩还不错，就是行为习惯比较差，不讨同学喜欢。在他心目中，下课后不需要任何约束，可以随心所欲，想怎么玩就怎么玩。课间同学们上厕所，秦淼就不往小便池里尿，有的小朋友说："秦淼你不讲卫生，我们去告诉老师。"秦淼则无所谓："你们告哇！我又没干坏事。你告了，我还是要尿尿。"有时候，还把尿液溅到小伙伴腿上，他也不认错、不道歉。就这样，同学们就开始不喜欢他。

有一次，秦淼课间在厕所小便，边尿边转动身体，见有同学担心他的尿液溅到身上而有意跨步躲避时，他还在那里得意地嬉笑。一个五年级的男生看到后，在秦淼的头上拍了几下制止他的丑陋动作。看到比自己个子高大的男生，秦淼当时不敢反抗。可回家后，就向自己的妈妈告状。

第二天，他妈妈来到学校找老师，说儿子上厕所时被大孩子打了。老师进行调查了解，这才发现秦淼经常在男厕所里故意在大便池尿尿，致使其他同学站上去嫌脏，保洁员做清洁很难。老师当着家长的面，提醒小孩要讲卫生，家长不以为然："不就是小孩上厕所这点事，还大惊小怪的。"等家长走后，老师又对秦淼进行耐心的教育，秦淼振振有词地说："我是在厕所里尿哇，大便池和小便池不是一样都可以用吗?"看来，他对卫生习惯的认识，还真有差距。

◆简析与研判

教育小学生学会上厕所，正确使用卫生设施是基本的生活常识，也是容易做到的一件事。然而，很多小学生，尤其是男生不一定就做得很好、很规范。秦淼的行为不仅暴露他的卫生习惯不好，而且暴露他缺乏必要的隐私意识或羞耻感，须从小、尽早加强引导与训练，不然对其成年后的卫生习惯、羞耻感等仍然会产生负面的影响。

◆教育措施

已用措施：发现问题后，及时与该生进行个别交流，指出问题，促其纠正不良卫生习惯。与家长沟通，帮助家长树立正确的家庭教育观，从细节上注意培养和训练小孩的行为习惯。同时，尽量在课堂上发现该生的优点，如举手发言，写字端正，及时给予肯定和表扬，促其向积极的方向发展。(效果：很好)

拟用措施：组织小朋友参加打扫公共厕所卫生，并引导他们认识保洁员的辛苦，学会尊重他人的劳动。组织班会，请学生交流各自的家长对使用卫生设施的具体要求，引导学生从小重视上厕所的卫生习惯。安排作业，让学生回家后打扫自家卫生间的卫生。

新生入学时，高度重视学生的卫生习惯培养，专门讲解如何上厕所。对秦淼个别谈话，提醒其了解自己的身体，保护隐私部位，逐步建立性别意识，并认识什么是羞耻感。组织班级体育锻炼等活动，让秦淼参加团队合作，促其在同学中得到认同。

禁 忌：一味指责批评该生，“怎么连上个厕所都不会”，“家长没有教你上厕所?”为了达到加深印象的效果，在班上让该生自己承认错误，伤其自尊。要求该生打扫厕所一周，作为对其不讲卫生的惩罚。以为小孩子不会上厕所很正常，不以为然，缺乏必要的教育引导措施。

邋遢的背后另有隐情

案例撰写：朱秀荣，武汉市东西湖区小学教师

童良宜8岁升入三年级时，我正好接手担任他们的班主任。初见到这个瘦小的男孩，感到他很邋遢，不讲卫生，衣着也不讲究，他的家长怎么就不能花点时间把小孩打扮干净一点呢？开始上课后，童良宜总是精神不振，更谈不上认真听课，作业很少按时完成。

这个学生的异常行为让人产生了诸多的疑问，我将童良宜列入我的第一批家访对象。那天下午放学后，我就跟着他去家访。孩子在前面把门推开，我随之进门看到的情境令我震惊！可以说，当老师这么多年，家访无数，还真没有看到过像童良宜家这样的情况。家里没有像样的家具，其他物品也寥寥无几，而且显得非常凌乱，家具等物品就像是随手扔在那里一样。我没有见到童良宜的父母，当我稍作镇定准备问他的时候，闻讯到来的邻居带着我去了他姑姑的家。见到他姑姑以后，我心存的疑团慢慢解开了。

因为童良宜的父亲有间歇性精神障碍，在他6岁时，父母离婚，母亲就离开本地远走他乡。童良宜平时跟着父亲，但多半时间是他姑姑负责安排他的生活起居。有时姑姑受不了小孩爸爸的无理取闹，也有怄气不想管孩子的时候。这个时候，童良宜就有一顿、没一顿的，经常饿着肚子上学，衣服也是乱糟糟的。爸爸精神正常的时候当然也会管管儿子，但不正常的

时候儿子就自己管自己。

疑团虽解开，但是我的心情更加沉重、复杂，除了对童良宜的同情与怜悯之外，我感到要让学生安心学习、健康成长，学校及老师需从经济上帮扶、精神上关心、学习上辅导等方面采取得力措施。

◆简析与研判

来自贫困家庭的小孩，生活艰难程度可想而知，但是他们精神上和心理上面临的压力与困境，非身临其境或深入了解难以感受。特困生生活上的困难会致其自卑、无望，失去对学习的兴趣、对生活的信心。学校及老师的教育帮扶措施针对性要强，且方式方法既要能够帮其解决实际困难，又要有利于保护学生的自尊。

◆教育措施

已用措施：针对家庭实际，仍然找到童良宜的姑姑，请她帮助小孩安排好生活起居，解决最基本的生活困难。用讲励志故事等方式，鼓励和指导该生逐步学会基本生活自理，并在必要时照顾好父亲。寻求外援，找到所在地居委会反映该生家庭实际困难，呼吁社区给予必要的经济资助。（效果：很好）

拟用措施：真诚向童良宜承诺，学校及老师会继续关注和关心他，并根据情况适当接济，如购置生活学习用品等。课堂上关注该生，提醒其认真听课，课后由浅入深加强个别辅导，逐步提高其学习兴趣和自信心。组织安排班级部分有积极性和能力的学生与该生一起学习或做作业，让其感受同学的关心。

用班队会时间在班级中启发同学树立相互关爱的意识，引导班级其他同学接近该生，一起游戏、玩耍。启发引导该生参加班级集体活动，主动承担一些具体任务，服务班级，感受集体生活中的归属感。向科任老师介绍童良宜的家庭情况，协调各科任老师关注该生的学习生活，并给予必要的帮扶。

禁 忌：缺乏基本的同情心，家访时出言不逊，“你家里乱成这个样子怎么也不收拾”，伤害学生的自尊。看到家庭背景后，自感无能为力，不主动考虑寻求外援，选择放弃。嫌弃学生邋遢的外表和相对差的学业，用讽刺性语言批评，或在班级公开批评该生“又脏又笨”。

从颓废消沉到夜不归家

案例撰写：郑红宇，湖北省十堰市中学教师

杜梅霞的父母进城务工多年，一直将两个孩子带在身边上学。按照本地就近划片入学的原则，杜梅霞小学毕业后就进了实验中学。

听说在小学阶段，杜梅霞的父母成天忙于生计，根本抽不出时间辅导小孩的学习，也很少过问女儿在学校的情况。家长以为，城里的老师和学校条件都比农村老家的学校好得多，小孩进城读书怎么也不会比在农村学校差。她小升初进了实验中学，这回家长更放心了，似乎自己的孩子进了“保险箱”。

开学不久，杜梅霞所在的七（4）班邀请家长参加第一次家长会，主要是指导家长如何帮孩子更好地度过从小学到初中的适应期，要求家长一定要到校。然而，杜梅霞的父母就以不能误工为由，让孩子带话给老师说家长不参加会议。

父母不参加家长会，最不高兴的是杜梅霞自己，她更加认为父母不关心自己的学习，便放松了学习。然而，杜梅霞并没有静悄悄地消沉下去。她开始用其他方式表现自己，课余喜欢拉班上同学跳舞，将校服换成个性化服装，上课不守纪律还有时逃课。老师找她谈话，她也没有一点不好意思的感觉，总是答应会改的，但是其表现越来越令人担忧。

八年级暑假后，杜梅霞伙同他人在街上偷商店的商品，脖子上还出现了纹身。有的同学背后议论说，杜梅霞怎么变得和街上的小混混差不多。更有甚者，进入九年级后她经常不归家，到同学家留宿。老师联系家长，沟通情况，提出建议，家长开始意识到孩子的问题比较严重，担心孩子出状况，但是已经感到无能为力，不知道如何管教。

◆简析与研判

进城务工人员为生存与生计而奔波，缺乏指导子女学习能力的情况并不少见。但这并不代表他们内心不关心、不在乎孩子的成长，更不能成为忽视孩子学习与成长的理由。学校及老师可采取措施积极影响学生家长、弥补家庭教育的缺失，尤为重要。通过实施扎实的教育与引导措施，让学生从中感受到老师、学校、社会的关心和关注，增强自尊、自信，提高自理、自律能力，从而避免出现乡村少一个留守儿童而城里多出一个小混混的现象。

◆教育措施

已用措施：深入了解家庭教育情况，说服家长重视对孩子的教育与引导，最重要的是让孩子感受到父母在关心她、在乎她。向家长介绍一些与孩子沟通的基本方法与技巧，让他们参加家长会，根据老师的建议与要求督促孩子的学习。多与该生联系沟通，使其感受到在老师心目中她与其他同学一样重要。(效果：很好)

拟用措施：适当为该生安排部分班级工作，如收作业，记录课堂听讲情况，培养其责任感并增强自信。引导该生一点一点地改掉不良习气，从按规定穿校服、上课听讲、完成作业做起，及时肯定其成绩与进步。尽可能找出该生的优点和亮点，并提供展示的机会，例如参加班级排练舞蹈节目等。

暂时适当降低学习要求，挑选几个与该生能较好相处的学生与其一起学习，包括给予必要的辅导。请一位有经验的女性老师，专门找该生谈心，指出学生小偷小摸、在外留宿等行为潜在的严重后果，增强其自我保护意识。给她制定能达到的阶段性目标，助其找到学习的兴趣、找到存在感。

禁 忌：将学生的不良行为等问题的责任全部推给家长，当着小孩的面指责家长，“你们这个家长是怎么当的”。批评教育学生时流露鄙视、厌恶的态度，“你这简直就不像个女生，你比男生还要混”，直接伤其自尊。事已至此，感到无能为力，过早放弃教育引导措施。

引导从善意的谎言开始

案例撰写：郑丽娟，湖北省红安县小学教师

新学期，我接任三年级班主任。开学后的第一个星期三，我看见一个小女生手里紧紧拽着一个东西，急匆匆跑回教室，生怕我看见。但是，我还是发现了，她是杨丽红，试图藏着的好像是固体胶棒。我初步判断她是从离教室最近的教务主任办公室拿的。

上课铃响，我准备先上课。不料，几个同学看见杨丽红把胶棒放进自己的桌子里，叽叽喳喳不停，咬定是她偷的。众人开始“批斗”，把她以前的“罪过”都拿出来说…… 看到她低下头，捂住耳朵，我说：“请大家安静，杨丽红的胶棒是她课前找我借的。”我暂时帮她渡过了难关。课后我找杨丽红谈话，引导她不能养成拿别人东西的坏习惯，有喜欢的东西可以向爸妈开口要，也可找老师和同学借等。这是我们的第一次单独谈话。

后来我还发现同学们都不愿意跟她玩，说她不爱干净、不爱写作业，反而爱拿别人东西、爱撒谎，有时喜欢抱男生大腿、喜欢掀衣服，在公共场所小便…… 总之，同学们把杨丽红说得一无是处，而我也发现她确实存在很多问题。为了不让杨丽红在班上受到孤立，使其更好地融入班集体并养成良好的习惯，我努力发现她的闪光点。例如她有朗读的天赋、声音洪亮等，老师就给机会让她表现自己的优点。杨丽红开始变得比过去自信、开朗。我和杨丽红的外婆、妈妈后来都见过面，家长都很干净、很明事理。她妈妈常常打电话或买很多东西回来看她，文具、零食、衣服都不缺。但是老师要求她做到的事，她坚持做不了三天就放弃，也挺令人头疼。

◆简析与研判

也许是疏忽，也许是顾不上，也许是理念不同，有的家长对留守女童的性别意识、卫生习惯、行为习惯等明显缺乏有效训练。问题暴露在现在、在学校，但原因可能追溯到过去、到校外。因此，老师面临的任务是既要"补旧课"，又要"上新课"，即使出现反复，或短期内不能彻底改掉坏习惯，但也要瞄准目标坚持训练。不为别的，只为她是一个留守女童。

◆教育措施

已用措施：单独谈话，积极引导，并与家长沟通，了解小孩在家的行为习惯，发现和核实问题。与语文老师协商，出谋划策，利用其朗读天赋、声音响亮、富有感染力的优点，上课经常点她朗读，增强她的学习兴趣和自信。明确表态老师愿意做学生最好的朋友，在任何时候有任何困难都可以找老师，并认真兑现承诺，形成激励机制。(效果：较差)

拟用措施：制订教育帮助事项清单，列出全部问题，按先易后难、先小后大的方式逐步提出要求，安排训练。量化学生日常表现，随时反馈变化信息，及时肯定进步、指出不足。针对该生不喜欢写作业的毛病，先试行减量，允许她做作业只写其他同学的一半，然后逐步增量。

轮到班级升国旗，安排该生当主持人或让她在国旗下讲话，六一儿童节让她主持庆祝活动。在班级，特意公开表扬，让同学们明白任何一个人都有优点和缺点，让同学们接受并帮助她改掉坏习惯。单独向该生介绍女生在生活、卫生、行为习惯等方面的基本要求，要有羞耻心和分寸感。

禁 忌：公开场合批评指责。教育期间缺乏耐心，出现反复就气馁或直接放弃。只在学校对学生的教育和习惯进行训练，忽视家庭的作用与影响。要求学生同时改掉全部毛病，急于求成，致使学生失去信心。

第六编
情感发展

每个孩子都是一颗星星，拥有着自己独特的光芒。对每个孩子适度关注，就像阳光雨露滋润禾苗一样，有利于促进其心理健康成长。

“愚钝”“不听话”的“差生”，通常在心理上更敏感，有的还会觉得老师偏心而自暴自弃。这说明他们更加在意老师对自己的态度，希望被平等对待。

学生背后对老师品头论足、说三道四、妄言妄语，并不少见。这是学生关注老师的方式之一，也是发泄情绪的一条途径。只要不是有意攻击或漫骂，老师不必大惊小怪。

老师无意之中的语言和动作，或有些“顾此失彼”的教学内容等可能触动学生的痛处，致其陷于痛苦之中难以自拔。他们或因对老师不信任，或因误判老师对待自己的态度而形成内向性格，甚至可能失去学习兴趣、放弃学业，其后果可能非常严重。

纠结中发出的告白信

案例撰写：张启家，湖北省宜昌市中学教师

八（6）班的女生晓梅，聪明又善良，学习成绩优秀；其父母因为工作很忙无暇与之充分交流沟通，晓梅觉得很孤单。她后排的男生华强，阳光帅气，责任心强，平时喜欢打球，但学习成绩一般。春节后刚开学，华强觉得前面的晓梅越来越可爱，对自己也很友好。近两周时间，他们在一起聊天、谈笑、活动，好像有说不完的话。

晓梅与华强两个同学之间频繁接触，怎能逃脱班上同学敏锐的眼光，平日像闺蜜一样的女同学都劝晓梅不要与男生走得太近。晓梅虽然感到十分苦恼，但自信“身正不怕影子斜”，对闲言碎语并不在乎。与此同时，华强已经越来越喜欢晓梅姑娘，一段时间里，上课时经常走神，更加畏惧老师课堂提问。在一次数学课上，老师看他注意力不集中，有意请他回答问题，可他压根就不知道老师的课讲到哪里了。为缓解煎熬的痛苦，经过几天激烈的思想斗争，华强决定写信向晓梅表白。

这天，晓梅放学回家跟平常一样做作业，却意外地在书包里发现了华强的信。男生的表白信突然而至，晓梅惊呆了，简直不知所措。虽知道自己喜欢华强，但晓梅也发现近期过于频繁的交往，已经影响了学习，两个人在两次单元测试的成绩都下降了许多。此时，华强在表白后，情感纠葛使其更加忐忑不安。

◆简析与研判

晓梅的爱慕显得相对朦胧，而华强已经用书信表白爱意，捅破了“窗户纸”，不用争议的是，两人都因情绪波动影响到学习。因彼此相处时间不长，情感基本上处于朦胧阶段，但任其发展，可能会很快转化成比较典型的早恋行为。

◆教育措施

已用措施：分别找两位同学个别谈话，以学习成绩下降为切入点，帮助他们进行归因分析，找准真正的原因所在。召开主题班会，以集体教育的力量帮助全班同学学习男女同学正常相处的方式，分清友情和爱情的区别。发动同学通过家长、有影响力的他人现身说法，讨论分析，学习异性交往的相关常识，拿捏好分寸。(效果：很好)

拟用措施：班主任家访，了解学生的家庭背景，掌握亲子关系情况、学生及家长的心理承受能力、家长教育子女的态度和方法等，为规劝教育学生做好准备。面对全班同学举办青春期心理辅导讲座，请专业卫生与健康教师和心理咨询师提供心理辅导和心理咨询。用比较隐秘的方式，分别为晓梅和华强进行咨询辅导。

在对晓梅、华强进行细致的思想教育和心理咨询后，组织专题班会，如“同窗情”“珍惜同学友谊”“中学生的家庭责任”等。个别引导晓梅和华强，在学习上互相帮助，开展学习竞赛。单独与华强沟通，要求其认识并承担男子汉的责任，明确男女生交往要有度。随时跟进学生的思想和心理状况，适时调整工作方式。

禁 忌：认定两人的交往已经超出同学之情，将其定性为早恋，以劝阻、帮助的名义公开对两人的交往进行训斥。提醒家长施加一定的压力，“别怪老师没提醒，出了问题该家长负责”，致使家长采取过激言行阻止其接触。在班组活动中采取强制性措施，如通告所有科任教师或班组干部，参与监视或限制两人单独的接触与活动。

与母亲拌嘴后离家出走

案例撰写：陈巧平，湖北省罗田县中学教师

在我的印象里肖小慧是一个安安静静，笑起来略显羞涩的女孩。由于父母常年在外打工，她一岁半时就被交给了爷爷奶奶抚养，直到升入八年级那年，她母亲因为要生二胎才回到了老家。不久后，肖小慧有了一个小弟弟，家里人欢天喜地，大摆酒席庆祝，唯独肖小慧感觉这个世界好像只有她是多余的。那段时间，我明显感觉到她脸上的笑容没了，话也少了，总是默默无言呆坐着。问她为什么，她也是淡然一笑，不做任何回答。通过多方了解，才知道她家里的变化。从此，我隔三岔五就找她谈心，聊家人、聊学习、聊人生，终于笑容又回到了她的脸上。

可是，在一个深秋的周末，突然手机铃响起，接通后传来一阵急促的话语。肖小慧的妈妈在电话里焦急地告诉我："老师，小慧今天在家跟我吵了几句，就离家出走了。到现在我们都不知道她跑哪里去了。急死人了！"我心急如焚，一边电话联系一边在班级 QQ 群里发消息找。果然，从一个同学的口中得知肖小慧有一名很聊得来的网友，她经常利用周末的时间跟这位网友聊天。可是肖小慧手机一直关闭，无奈之下，她的家人报警了。

三天后，其父母在省城找到了肖小慧并将她带回来了。回家后，肖小慧以绝食相抗，整天将自己关在房间里不与家人说话。再次见到肖小慧时，我大吃一惊，她整个人活脱脱瘦了一圈。我心疼极了，顿时一把搂住她，我的眼泪也不禁簌簌地落下来……她终于开口说话了，跟我讲述了她从小到大所经历的一切。

◆简析与研判

留守女童处于一种亲情缺失的状态，因为离多聚少，孩子与父母之间几乎无亲密感和依赖性，尤其是像肖小慧这样处于青春期的女孩子，更为敏感、叛逆。当父母一时冲动训斥乃至打骂孩子时，她们本能地选择逃避现实，其方式和办法在个体之间会有差异，但最终因社会经验不足，很可能产生不堪设想的后果。

◆教育措施

已用措施：找肖小慧单独谈心，让她认识到自己争吵几句就出走的行为是错误的，并要求有改错的态度。一如既往地关注，使她进一步真切感受老师的呵护、关爱和尊重。在日常生活中，从一点一滴的小事关心体贴她，使她向老师敞开心扉。坦诚帮助学生分析离家出走的危险性和严重后果。(效果：很好)

拟用措施：组织有意义的班级活动，让学生有意识地接近肖小慧并交朋友，让她感受班集体的温暖。鼓励该生继续保持过去的那种恬静，将注意力放在学习上。在班级开展感恩教育活动。提醒全班同学上网要谨慎结交网友，不能轻信网聊结识的“朋友”，更不能擅自外出与网友见面。

通过家访或者家长会与家长沟通，建议家长以一定的形式向孩子表露关心与爱，表明父母其实很在乎她。指导家长如何跟青春叛逆期的孩子沟通，及时疏导孩子的心理。老师或母亲给女孩传授一些生理卫生方面和自我保护的知识，并随时关注其生理发育情况。

禁 忌：得知肖小慧是在家与母亲争吵后出走，以为学校无责可担，对寻找该生持消极态度。对学生出走的行为极为恼火，不分场合严厉训斥。偏袒学生，当面指责其母亲的教育方法不妥；偏袒家长，只批评学生不懂得感激父母的养育之恩。

安稳情绪助踢“临门一脚”

案例撰写：程敏春，湖北省罗田县中学教师

这件事发生在6月20日上午八点钟，距离中考一个小时。

当天，吃完早饭，我就迅速来到了九（2）班教室，准备和同学们一起迎接中考的到来。可是，就在我面带微笑踏进教室时，我听到了同学们谈笑中夹杂的哭声。那一刻，我的心一沉，但是直觉提醒我必须保持冷静，在这样特殊的时刻无论什么事都应该稳妥处理，不然会对学生应考的情绪产生极大影响。扫视教室，我很快锁定了目标——十五岁的葛征。她平常可是一个乐观而大大咧咧的人。我走到她身边，低声询问原因，可她又抬起头，勉强笑着说没事。这时旁边的胡铭不满地说：“演技派。”我先看看胡铭，用眼神制止了他，随后将葛征的同桌叫出来了解缘由。起因是葛征喜欢同班男生汪亮，中考前想要他的照片，而汪亮不仅不给，还出言不逊。于是，我把葛征叫出教室，进行了一番交流，直到她破涕为笑，重新扬起自信的笑脸，才和她一起走进教室。

全班同学都安静下来，都等着我、看着我，都在猜想老师是细说刚才的故事，还是考前再动员。我说：“快进考场了，葛征同学太紧张了，没忍住大哭了！对她自己来说，是找到了一个宣泄口，用眼泪洗去了心中的阴霾；对我们来说，刚刚看到了风雨，中考必能见到彩虹！”预备铃响起，大家齐喊三声“加油”，为葛征、为全班、也为自己！

6月21日中考结束，学生放假回家，但是班级的QQ群仍然很热闹。

◆简析与研判

班上个别学生在中考前的关键时刻，情绪波动异常，虽是由情感所致，但是时间不容许老师进行任何常规的疏导、引导等工作，况且学生青春期的情感问题在短暂的时间内也难辨别出是非曲直。老师的机灵、果断、幽默，甚至用善意的谎言维护了当事女生的尊严并扭转其情绪，同时在中考前增强了全班同学的自信和凝聚力。这需要智慧与能力，更需要责任感。

◆教育措施

已用措施：现场应急处置，迅速了解缘由，安抚当事女生，提醒其分清事情大小轻重，控制扭转考前情绪。为当事学生找借口“下台”，消除同学们的好奇心，用幽默和激励的语言，缓解学生考前恐惧紧张情绪。考试后，继续关注班级 QQ 群，采用网上一对一聊天沟通，既保护了隐私，又打开了心结。(效果：很好)

拟用措施：做好与家长联系沟通的应急准备，随时请家长参与安抚劝慰工作。请班干部在待考时，组织全班同学唱歌或集体游戏（控制好时间)，转移注意力缓解紧张情绪。争取考前更多时间与当事女生个别交流沟通，如给她一个温馨的拥抱，促其放下情感包袱，轻松愉快地参加中考。

若发现班级 QQ 群有拨弄是非的聊天，或相互攻击的语言等，及时劝阻。跟进当事女生，帮助其正确对待个人情感问题，集中精力和时间搞好学习，为将来更成熟的情感打好基础。就该女生情感问题，与其家长见面交流，建议家长加强引导和监督。

禁 忌：在班级过分强调个别学生考前情绪波动问题，直接要求大家不受其影响。将女生带出教室后，严厉批评，“这个时候还为情感所困，简直是不知轻重”。为消除同学们的好奇，间接地说出女生情绪变化的原因，“有的同学为什么情绪波动，你懂的，我就不说了”。

引发关注的两个男女生

案例撰写：余新颖，湖北省罗田县中学教师

七（1）班女生胡云，认识了他堂哥班上的一位男生后，两人便开始交往起来，并有传纸条、递书信、课外邀约聊天等现象。同学们对这两位男女生比较频繁的联系很敏感，少数女生也开始仿效。其实，我早就注意到胡云了。

那是在一次全校公开课《金色花》的“迁移运用”环节，胡云给远在外乡打工的父母写了一段话，特别令人感动。在班级展示时，她还因为思念父母而流泪，给人留下了乖巧懂事的好印象。始料未及，这么快就出现了新情况。我还发现，胡云上课经常走神，很少在食堂吃饭但是钱又不够用，还到处向同学借钱。

我第一次单独找她谈心时，胡云说要给奶奶买礼物，家里给的钱不够用等。我给她的爷爷打电话核实情况。谁知道爷爷很生气地说：“每个星期都给足了生活费，小云不爱说实话，从小就是这样，特别喜欢跟男生接触，老师一定要多注意。”中学生异性之间的正常交往我是支持的，所以与爷爷通话后，我没给胡云贴上“早恋”的标签。但是，我召开了一次女生座谈会，表明了观点，提醒女生要建立性别角色意识，把握交往尺度。没过多久，有同学告诉我胡云仍在“谈恋爱”，每天还在写纸条。胡云上课再也没有刚开学时积极，沉醉在自己的世界，有一次还在宿舍喝啤酒。

我深感事态的严重性，多次与家长联系沟通。我一次又一次约胡云谈话，在她和她母亲之间架起情感沟通的桥梁，强调性别角色意识增强就意味着相应的责任也要增强，解开了胡云的情感心结。虽曾有过小的反复，但胡云还是渐渐地回到了正常的学习生活轨道。

◆简析与研判

异性之间的交往有助于增强性别角色意识，是发育成长的重要一环，青春逆反、爱恋萌发等也随之而来。正确引导男女学生保持正常的交往需要老师的爱心、细心、耐心。关键是要走进孩子的内心，找到发生情感问题的根源，包括父母以及家庭的问题。老师帮助解决学生情感问题，不能再把问题扔回家庭，应与家长一起采取措施解决问题。

◆教育措施

已用措施：密切关注学生动态，及时找学生谈话，提出具体要求，防微杜渐。与家长充分沟通，了解掌握学生情感问题的原因，寻找解决方法，转达母亲对女儿真挚的关心以及因生活所迫力所不能的客观情况。劝说负责监护的爷爷纠正对孙女的偏见，真情关爱，充分信任孙女。单独谈话，严肃批评其违纪在校内喝酒的行为，并指出危害性。(效果：很好)

拟用措施：在班级建立家长微信群、班级 QQ 群，加强沟通，及时发现和解决问题。开展心理辅导讲座和个别心理辅导，注重学生的心理健康发展，增强学生的性别角色意识及责任感。通过生理卫生课，对女生进行青春期生理卫生知识辅导。组织开展集体活动，包括体育活动，加强团队精神建设。

召开女生座谈会，清楚地表明老师对异性之间正常交往的观点和看法，提醒女生学会辨别是非、把握交往尺度。加强对家长的指导与辅导，向家长传授与孩子沟通的方式方法，要求父母定期与女儿联系。与这名男生的班主任沟通，同时对男生单独进行教育引导，促其将主要精力和时间用在学业上。

禁 忌：只注意考试成绩，忽略学生的身心健康。作为班主任，教育孩子只听一面之词，不关注学生的感受。一味地训斥与批评。抱有一蹴而就的心理，反之，立刻放弃。只找家长，不教给家长解决问题的方法，造成问题累加。

权当学生将作业忘在家

案例撰写：冯卫红，湖北省麻城市中学教师

星期一早上，我照例在班上逐个检查学生周末作业完成情况。第三组的张霞告诉我说："老师，对不起，我的作业忘在家里了，我明天带来。"望着她坦诚的目光，我知道她说的是真的，就回答："好吧。"随后，坐在张霞后面的张诚也告诉我，"我的作业也——忘——在——家——里——了"。说话时，张诚的目光游离，声音断断续续。张诚平时完成作业情况不是很好，我想他一定是听到了我和张霞的对话。凭经验，我知道他没有说实话。我本来想揭穿他，但转念一想，我凭什么相信张霞而怀疑张诚呢？难道就因为张霞的成绩好而张诚的成绩不好吗？我望着张诚一笑："老师也相信你，明天带来吧。"他很惊异地看了我一眼，快速地低下了头。

第二天早自习，张霞的作业补交上来了，张诚的作业也补交上来了。虽然张诚的作业有些仓促应付的痕迹，但比起以往还是要认真得多。我看到张诚眼睛里布满了红红的血丝，明显是熬夜补作业的结果。我轻轻地摸了摸他的头说："做得还不错，老师相信你会人如其名，做个诚实的孩子，以后一定要记得按时完成作业。"从这以后，我发现张诚变了，上课认真读书了、认真听讲了、认真记笔记了、认真做作业了。虽然因基础差加上语文学科的特殊性，他的语文成绩在短时间内没有太大的起色，但我还是经常表扬他，半年后成绩已经由不及格到及格，偶尔还会超过八十分。最重要的是，张诚对学习产生了兴趣。

◆简析与研判

“愚钝”“不听话”的“差生”，通常在心理上更敏感，有的还会觉得老师偏心而自暴自弃。这说明他们更加在意老师对自己的态度，希望被平等对待。他们在乎老师的态度，同时也表明对自己并未完全放弃，只要老师注意方法，是可以帮其进步的。

◆教育措施

已用措施：明知是假话，仍然相信，展现出老师对学生平等相待和真诚包容的姿态，也给学生改错的机会。比较巧妙地暗示老师知道实情，并对学生的学习与行为提出了明确具体的要求。加强课业辅导，多次在班级表扬该生的变化和进步，用鼓励和激励方式，促其增强学习信心。(效果：很好)

拟用措施：课后单独找学生谈话，核实作业是否已经完成，进行批评教育，要求讲实话。明确指出，该生语文成绩较差是因为学习态度不端正，用本班其他同学奋起直追的成功案例说服教育。组织班组活动，开展诚信和诚实教育，教育学生从说实话做起。

让学生自己联系家长，帮其将作业送到学校（其实是为核实），在学生认错后，宽容学生第二天补交。通过家长了解孩子学习兴趣不浓的真正原因，并加强辅导。向学生传授老师自己在学生时期感悟的一些有效的学习方法，并要求其持之以恒。

禁 忌：直接揭穿谎言，让他在同学面前没面子，“看你以后还说不说谎”。明知学生“忘记了”是假话，还要求学生马上回家取回作业后交给老师。鉴于学生说谎在先，以后对该生的话语的真实性持怀疑态度，“今天的话是真的还是假的呀”，对学生缺乏包容之心。

对老师笑而不语的特长生

案例撰写：龚洁，武汉市硚口区中学教师

我们学校是全省的特色体育项目学校，每年都要从全省招收一批具有体育特长的学生来校培养。三年前，武斯清同学，作为田径项目的后备人才来到我们学校，分配到七（3）班，而我就是他们的班主任。

开学第一天，我就发觉武斯清与别的孩子不同：与任何人都不讲话。后来还发现，他只要是心情不好就会随意地把身边的同学重重地擂一拳。因此，其他同学都害怕他，也不敢主动找他玩。经过我与他妈妈面对面交谈才知道，武斯清10岁那年父母离婚，他就开始不与老师交流，只与班上同学讲话。上初中又换了一个陌生的环境后，他与教练、老师、同学都不讲话了。他的妈妈告诉我，其实她每次与武斯清打电话时，儿子的话很多，也告诉妈妈他感觉到班主任和数学老师很关心他，他也很喜欢老师，但就是不想开口与老师讲话。

老师每次与他交流都是老师说、老师问，他就用点头和摇头以示回答。在平时的生活中，我对武斯清的关注自然就多了些，也经常找其他特长生询问他的训练和生活情况，以便随时沟通疏导。记得在九年级上学期，学校组织了秋游烧烤活动，武斯清几次笑呵呵地跑过来把自己烤的肉串递给我。虽然他没说一句话，但是我感觉到他对我的信任，我很感动。当时我对他说：“我希望在中考之前你能和老师说说话。”他笑了笑掉头走了。

在中考的最后冲刺阶段，老师们经常鼓励他，帮助他减轻中考压力。

最终武斯清如愿考上了高中，我向他祝贺并叮嘱他在今后的生活中要注意的事项时，他笑着频频点头，但还是没对我开口说一句话。

◆简析与研判

性格内向、沉默寡言的学生不是没有话，也许是因为心里有太多的话，有其难言之苦，羞于或不肯说出来。老师需要坚持采用关爱、理解、宽容、开导、鼓励的态度和措施，帮助他们走出阴影。老师不经意的忽略，同学们逐步的疏远，会伤害他们的感情，损伤他们的自尊。积压心底的郁结一旦爆发，他们可能会采取极端行为，后果堪忧。

◆教育措施

已用措施：坚持当面与该生交流不间断，即使他没有回应，也要让他体会到老师的关心。向家长了解情况，有效地避免措施针对性不强或一味责怪学生不懂礼貌等，维护学生自尊。从关心学生生活、学习的点滴小事做起，同时表现出足够的耐心，争取赢得学生的信任。(效果：一般)

拟用措施：试用短信、微信、邮件等与该生沟通，先引导他用手把心里的话写出来。在班级组织诗歌、散文朗诵等活动，要求每个同学都参加。协调体育老师，在体育课上安排该生给同学们讲田径动作要领，为其练习口头表达创造机会。

坚持不断地开导，安排参与集体活动，同时动员同学主动找他一起运动或游戏，加深彼此之间的友谊，让他融入班集体。利用其母亲到校的机会，与家长一起劝其从家庭变故的阴影中走出来，适应新的生活。

禁 忌：在同学面前公开地批评、呵斥，损伤其自尊心。每当与其交流而不说话时，使用“闷葫芦”等刺激性语言。学生不说话，老师就不找学生说话，逐步减少甚至不开展面对面的沟通。

老师放下手的那一刻

案例撰写：王清华，湖北省谷城县中学教师

开学一个月，我教完了“有理数”这一章。利用一个晚自习时间，我把学生的座位调整成单人单桌，第一次对七年级数学进行考试。快到收卷的时间，我从讲台下到学生中去转转，看看我的新弟子们基础怎么样。最先看到的几个学生做得不错，我心里美滋滋的。当我走到章常忠同学面前时，如同到了南极冰川，从头凉到脚，心里愤怒极了，伸手就想打他一巴掌。幸好理智战胜了冲动，伸出去的手在自己脸上摸了摸又放下了。章常忠的整张卷子，除了他自己的名字外，就只有几个醒目的大字——“我不想做，更不会做”。

我压抑着心中的怒火，一句话也没有说，因为我清楚地知道，一旦我开口，我们之间可能会发生争执，别的学生也做不成了。剩下的考试时间，对我来说显得比一天都漫长。

下课铃终于响了。我把章常忠叫到办公室，他低着头站在我面前。我喝了一口上课前倒好的茶，压制了心中的怒火，正准备发话，看到桌边有几个干净的一次性纸杯，顺手拿了一个杯子给他倒了一杯水，说了一声：“喝点水吧！章常忠，好好跟老师说说为什么。”他不好意思地接过杯子喝了一口，说：“老师，我以为您今天肯定会大发脾气，把我赶出教室。看到您手伸出来的那一刻，我的手已经握成拳头。再看到您摸摸自己的脸放下了，我的心就放下了。我从那一刻开始起，决心要好好学习。在小学我是老师讨厌的孩子，有个老师对我考不考试都无所谓。我今天写这几个字，是想看您怎么处理我。老师，相信我会改变自己的……”我很庆幸今天我没有动手，很庆幸给他倒了一杯水，也很难得听到了一个孩子的心声。

◆简析与研判

面对新老师，学生不交作业、课堂起哄、试卷上乱写等行为时有发生，往往被认为是淘气、调皮、捣蛋、厌学的表现，殊不知这是学生对新老师的试探。只要老师处变不惊，管好自己的手和口，用好自己的心和脑，争取走进学生的内心世界，明亮也好、暗淡也罢，将无私的爱奉献给每一位学生，不可能就会变成可能。

◆教育措施

已用措施：在教师与学生的相互适应期，利用课余时间多与学生聊天，了解学生以前的生活、学习等情况，同时通过言行让学生更多地接触和了解老师。基于充分了解，对有“特殊”言行或需求的学生给予针对性的帮助，解答问题，提供咨询等。通过班主任协调，利用自习课让学生自己交流学习心得、体会，讨论如何解决好学习和生活中的实际困难和问题。（效果：很好）

拟用措施：个别谈话后，让该生将第一次考试试卷重做一次，发现其知识薄弱点，增强辅导的针对性。举一反三，对班级学生，重点是表现异常的学生，进行排查，摸准向初中过渡不适应的学生并分析原因。采用分层教学方式，将有学习困难或基础相对差的学生分成小组学习，并开展比赛，从“矮子”中培养“将军”，促其树立学习信心。

对学生提出明确的学习要求：上课聚精会神听讲、积极回答问题，课后按要求完成作业，养成不懂就问的好习惯。及时肯定学生的成绩与进步，引导学生增强学习兴趣；适时在班级表扬肯定，促其重拾自尊。老师放下身段，参与学生班级活动，与学生打成一片，让学生感受老师的真情所在，从而喜欢科任老师、喜欢科任老师的课程。

禁 忌：以“给下马威”的心态接触学生，板着一张脸装威严。对待犯错违规的学生，指责之中带责骂，不听学生的解释。将学生按成绩分类，厚此薄彼，冷落考试成绩差的学生。对学生的异常行为无心理准备，处事不冷静，现场处置操之过急，变相体罚，激化矛盾。

误解老师的姿态与胸怀

案例撰写：闫秀霞，贵州省安顺经济技术开发区中学教师

初中学生活泼好动，只要是在户外，就像鱼儿得水，活蹦乱跳。在相互嬉闹、你推我拉之中，常有学生惹出些小小的麻烦。

为了避免对学生造成伤害，同时也促使学生养成良好的行为习惯，学校实行了老师轮流值班制度，安排老师专门在上学、下学以及课间负责维持秩序，确保不出安全事故。我的值班时间固定在每周星期五，负责八年级四个班的安全值班。

那天，大课间铃响，我已经到达八（3）班的教室门口。憋了一节课的同学们，老师刚宣布下课就往教室外直冲。八（3）班第一个冲出来的高个子男生，正好撞着我。瞬间，我头皮一疼，两眼冒金花，下意识地伸腿踢了一脚，正好踢在高个子男生的小腿上。还没等我缓过神来，这个男生就气冲冲地对我吼了一声："你还是老师呢，你凭什么踢我？"这一吼，顿时让我清醒不少，定眼看看他，我叫不出他的名字，也不曾教过他。我抬腿一脚，是本能的应急反应。老师没有吼学生，学生反而比老师更厉害。我对这突发的局面既无思想准备，也感到下不了台。正好另外两名值班老师赶到现场，看到此景一同大声地批评了这个学生一顿。可他就是不服气，简直就像一头被激怒的小牛犊。这时八（3）班的几个同学把他拉回了教室。事情暂时结束。

第二天，想到学生所言“还是老师呢”，我深深感到的确不应该与学生计较。我利用课间主动到八（3）班找这个同学，想与他沟通缓和，希望前一天的“冲撞”不要给他留下阴影。没想到，这个学生挺有个性，我跟他说话，他依旧气鼓鼓的，半点不领情。自此以后，我再也没有找过他。但是，我期待他淡忘我给他带去的伤害。

◆简析与研判

学生与老师偶然发生一点意外的状况，老师事后主动缓和，表现出老师的大度以及应有的姿态和胸怀。多数学生会因老师的举动而受到教育，转变态度，更加敬重老师。个别学生心存芥蒂，不能理解老师的善意；或赌气憋气，试与老师比个高低。即便如此，老师的善意、宽容、坦诚肯定会给学生传递正能量，引导学生学会宽以待人。

◆教育措施

已用措施：情急之下，与当日值班的老师一同当场批评学生，用老师的威严镇住学生，促其认识横冲直撞存在安全危险。事后以大度的胸怀主动联系学生，平等对话沟通，说明情况，争取谅解。在学生“不领情”的情况下，碰面后继续主动与其打招呼，以示亲近、友好，促使该生转变态度。(效果：失败)

拟用措施：与八（3）班班主任联系，坦诚交流自己对涉事学生的看法和与其沟通的愿望，听取班主任的建议，尽快消除隔阂。邀请班主任一同直接与其家长联系，引导学生理解老师的诚意，同时认识其莽撞冲动的错误行为。再次直接找到该生，坦诚解释踢其一脚，实属无意，当面道歉，展示老师的胸襟。

以此为案例，在自己的班级召开一次主题班会，引导学生更加重视校园安全，学会宽厚待人。放下身段，请班上的学生为老师出点子，引导学生领会老师教书育人的良苦用心，尊重并配合老师。等待该生九年级毕业前夕，写一张道歉卡送给该生，让他开心地离开学校，也从中受到难以忘怀的教育。

禁 忌：以暴制暴，与学生较劲比出一个高低。为了顾全老师自己的面子，不顾学生的感受与面子，严厉指责，在学校把这个学生搞臭，让他下不了台。主动示好时发现学生不领情，就失去耐心，当面指责其“给你面子不要面子”，再也懒得搭理这个学生。

搁在老师桌上的抱怨信

案例撰写：陈敏，浙江省台州市中学教师

八（3）班刘升童性格开朗，喜欢运动，是班级男子球类运动的主力，就是不怎么钻研学习，成绩平平。然而，刘升童与成绩优秀的语文课代表骆鸣凤相当投缘，他俩常在一起有说有笑。有一天，我与刘升童闲聊，无意中提到他与骆鸣凤关系不错，真没想到他俩竟成了好朋友。我言外之意是希望刘升童在学习上向骆鸣凤看齐。听到这比较顺耳的话语，刘升童随后很得意地把话传给骆鸣凤。可骆鸣凤不知何故，非常不高兴，扭头就走了。

当天晚上，骆鸣凤夜不能寐，连夜给我这个班主任写信。第二天一早搁我办公桌上，一句话都不说就气冲冲地离开了。我将她折叠好的信打开，越看越惊讶。"……您可以瞧不起我，但您拿我与学习成绩差的同学相提并论，就是把我归于坏学生之列。我与班上同学的正常交往，您就认定成好朋友了，您这样武断地下结论简直就像个暴君……您自以为是的言论，让我认识了您的真实面目，改变了您过去在我心目中的良好形象。从现在开始，我就恨您，非常地恨您，会恨您一辈子……"

读完骆鸣凤的信，我从惊讶转到气愤。平心而论，我当着刘升童的面说出的话并无他意，最多在心底里略有好奇，为何一个文静、爱好语文的学生与一外向型且不爱学习的男生能谈得来？当天上第一节课，我还是露出气愤的情绪，庆幸的是，我的理智控制了训斥人的冲动。骆鸣凤不时地偷看我的表情，似乎在等待暴雨骤雨的来临。中午，我再次陷入思想斗争，是马上批评她，还是等待时机？下午，自修课时，我冲骆鸣凤笑了笑，又找到她的英语作业本，面对面地帮她纠错。

第三天午休时，我才开始与她长谈，告诉她我的那句话的由来……骆鸣凤当场大哭，她以为老师会从此记恨在心，她甚至打算转学！我将骆鸣凤揽入怀中，并耳语："宝贝，发泄掉心中的不满吧！"第四天，我收到骆鸣凤的长篇道歉信，我没仔细看，连同前一封信一并退还给了她。

◆简析与研判

面对学生心中的轩然波涛与过激反应，老师的情感与态度也经历了惊讶、气愤、冲动、理智、宽容、缓和、安慰等几个转化节点，最终与学生和好如初。老师的关爱、胸怀、智慧，消除了师生间的误解，说到底是增强了学生的自尊与进取心。

◆教育措施

已用措施：面对学生的误解和极其情绪化的来信，首先调整和稳定自己的情绪，静心、息怒、反思。放下身段，主动接近学生以示友善，逐步缓解对立情绪。抓住恰当机会，解释情况、引导宣泄、安抚情绪。宽容大度地明确表示不计前嫌，采取淡化方式处置学生的"抗争信"和"道歉信"。(效果：很好)

拟用措施：察言观色，收到"抗争信"后密切注意当事学生的情绪变化，在学生需要时主动提供帮助。在学生情绪比较平稳时，找其坦诚、平等交流沟通，耐心听其诉说。尝试通过学生比较信任的老师或家长，协助做思想和沟通铺垫工作后，再寻机会与其直接交流沟通。

不动声色地找刘升童了解其传话的细节，增强与骆鸣凤直接沟通的针对性。利用班级周评或班会等，讲解爱与恨的关联性，告诉学生老师本人赞赏的理念，“Kids don’t learn from people they don’t like.”。尝试用微信、短信、小纸条等沟通，表明化解误解的意愿。

禁 忌：在气愤至极时找学生问个究竟，对学生产生的误解进行训斥，得理不饶人。与涉事学生“冷战”，长期冷落学生。批评学生时不讲方法，用言语刺伤学生，“没做亏心事，你生的是哪门子气”。

同桌的男女生同学

案例撰写：黄建立，湖北省孝感市中学教师

九（10）班季羡亮和祁惠妮从八年级下学期调座位时，就开始同桌。这一个男生一个女生，各有各的优点。季羡亮聪明又帅气，特别是物理学科，考过全班第一，经常考满分。祁惠妮既漂亮又伶俐，学习很刻苦，成绩不错，特别是英语在年级是出类拔萃的。这两个学生也各自有薄弱的学科。季羡亮是英语薄弱一些，算成绩总分时老是英语拖后腿。祁惠妮是数学、物理相对差一点。两个学生的学习恰好形成互补。

自同桌后，他们一起讨论交流学习自然就多起来了，课后的交往也增多，老师和同学常常见到他们相约放学后一起跑步。在我的眼里，他们的学习积极性和成绩有了比较明显的提高。

一天，季羡亮的父亲给我来电话，直接说儿子有早恋倾向，书包里有女生写的纸条，儿子小学的同学以及其他同学家长在背后议论等。为慎重起见，我主动跟祁惠妮的母亲联系，了解女生在家里的生活、学习等情况。结果并不是季羡亮的父亲所想象的那样。然而季羡亮的父亲就是不放心，一周之内至少 5 次给我打电话，说他因为此事与季羡亮无法沟通。在与家长沟通的同时，我也发现他俩放学后常在一起边跑边讲。

在一次数学考试后，我找到季羡亮，谈了谈考试的情况，借机关心询问整体的生活与学习情况，包括跑步的事。他坦率地告诉我，他经常与同桌一起跑步，讨论交流学习，仅此而已……

一年后，季羡亮、祁惠妮双双考入省重点高中。

◆简析与研判

男女生同桌，学习上优势互补，共同进步，本来是一件非常好的事，然而这往往会引起一些议论和担心。家长不放心，同学背后议论，普遍认为男女同学多接触、常交流是早恋或有早恋的趋势。其实，男女生正常的交往、交流并非“洪水猛兽”，大可不必大惊小怪。但老师和家长需要密切关注苗头，适时提醒，正面引导，让纯真的同学情成为促进学习的动力与健康成长的催化剂。

◆教育措施

已用措施：分别找两位学生家长了解孩子在家里的情况，发现学生学习和生活中的变化，理性做出判断。择机分别找学生单独谈话，了解心理状态，帮助学生正确对待家长的担忧与提醒，引导学生采取恰当的方式保持男女生相互学习与帮助的正常行为。建议男生跑步时多邀几个同学一起，并要求他们取长补短，用学习目标激励对方。(效果：很好)

拟用措施：肯定家长对孩子青春期情感问题的关注和关心，对孩子的建议与提醒适可而止，体现对孩子的信任。用学习成长目标，如提升学习成绩、争做班级优秀学生、考入理想的学校深造等激励学生将主要精力投入学习之中。推荐名人传记等书目，启发学生树立远大的人生目标，加强个人修养，培养和锻炼自己的意志与毅力。

肯定两个学生在学习上优势互补、共同进步，学业成绩有提升的良好表现。温馨提醒两个学生注意交往与相处的方式，用比较长远的眼光理智、理性看待和处理好同学之间的关系。建议家长主动反思，积极消除家庭不良因素的影响，营造和谐温馨的家庭氛围，让家长与孩子成为朋友，与孩子平等交流和沟通，从而使孩子有问题愿意和家长交心并寻求帮助，让孩子身心健康地成长。

禁 忌：接到家长电话，草率地将男女生一起学习、一起跑步等定性为早恋或有早恋的苗头，进行围堵打压。以调整全班座位为由，将这两名同桌的男女生分开。在暂不能判断是早恋的情况下，毫无正面的教育与引导措施。

“闺蜜”进了别人的朋友圈

案例撰写：况红梅，武汉东湖新技术开发区小学教师

小学生到了高年级，特别是在同一班级一起升上来的，都有几个特别好的小伙伴。他们邀集一起上学、放学，回家一起做作业。有的还因为同学关系牵线，家长也成为好朋友，每逢节假日带着小孩一起互相串门。五（1）班的两个女生谢婷和胡莎莎就是这样一对小姐妹，小学几年来几乎形影不离。她俩的学习成绩一直不错。谢婷比胡莎莎大几个月，相处之中对待胡莎莎就像姐姐对妹妹一样，而胡莎莎对谢婷也显得有点依赖。

可是近一段时间，胡莎莎老是闷闷不乐，以前叽叽喳喳的小嘴像是上了封条，甚至在课堂上都不怎么举手发言。那天上英语课，也是胡莎莎最喜欢的一门课，我在互动练习时一直不见她举手回答问题，便直接点名要她发言。胡莎莎不仅没有回答，反而质问我：“我又不是没有听讲，为什么点到我？”她如此的态度令人感到意外，我顺便说了一句：“老师就想看看你学会了没有。”没等我开口说“Sit down please.”，胡莎莎就气鼓鼓地坐下了。不一会儿，她还趴在桌上哭起来了。

胡莎莎为何变化如此之大？我先找到了谢婷。谢婷告诉我：“最近我跟另外几个女生玩得多些，没有时间陪胡莎莎玩，她就不高兴。她还说我把她甩了。”而胡莎莎又是一种说法：“谢婷与另外几个女生很亲密，她们说那才是她们的朋友圈，我也想跟谢婷一起到她们圈里去，结果她们圈的其

他人不同意。她们还说要与班上另外一个同学圈比一比，看哪个圈的同学更亲密。”看来事情并不仅限于两个女同学之间的交往，而是涉及更多的同学……

◆简析与研判

透过一个小学女生失去过去好友的交往与友谊的现象，不难看出同龄伙伴之间的交往对小孩情感和心理的严重影响，以及学生进入小学高年级学段后对交往的需求和对象的选择的变化。当前网络交际在青少年学生中比较普遍，如微信群、朋友圈、QQ 群等，有的开始在现实中以圈和群的形式交往，稍有不慎就会形成学生中的小团体现象。及时的干预与引导实有必要。

◆教育措施

已用措施：了解掌握胡莎莎情绪变化的真实原因，对症下药，开展思想疏导工作。利用面谈、QQ 等方式与该生沟通，使其体验师生之间的交流与友谊，从依赖个别同学的状况中走出来。在班上进行关于“团结友爱”的主题教育，鼓励和提倡广泛接触同学，并组织小组学习、文娱体育、演讲比赛等活动，加强学生之间的感情交流。(效果：很好)

拟用措施：摸清班级两个女同学圈的基本情况，跟踪观察其成员的表现，暂时不作处置，静观其变。摸准两个圈的牵头学生后，采用比较巧妙的方式进行教育引导，提醒她们把主要精力放在学习上，或安排她们面向全班组织活动。公布老师的 QQ 号，欢迎全班同学在自愿的基础上加入老师的 QQ 群。

对全班学生使用网络交际工具提出具体建议和要求，包括参与的网络交际圈、群。建议家长对小孩上网等进行必要的监督与限制。建立班级家长 QQ 群、微信圈，学生可通过家长完成联络工作。建议班主任牵头，与科任教师沟通，达成共识，丰富学生的学习和课余活动，营造团结友好的班级氛围。

禁 忌：公开批评被好朋友疏远而感到伤心的学生，“就是一个娇气包”“离开了她你还不活了”。对听说的两个女生小团体的现象茫然失措，公开宣布要将其扼杀在摇篮之中，给学生造成重大心理压力。只有空洞的批评，缺乏具体的引导，忽视学生交往的心理需求。

学生频繁告小状

案例撰写：易娟，武汉市江岸区小学教师

小学一年级新生入学后，学校在很长一段时间会变得特别热闹。小朋友刚上小学，嘻嘻哈哈、哭哭闹闹是常有的事。在这个适应新环境、学习新规矩的重要阶段，家长会反复叮嘱小孩有事找老师；老师也会给学生讲有情况要举手跟老师报告。小孩子对这些话倒是都听进去了。新生报到后，好多小朋友有事无事就喜欢围着老师转，为芝麻大点事，也老师前老师后地喊个不停。

正好我们班有个很可爱的男生，名叫谷喆盛，胖墩结实，生性活泼，课上课下很少有安静的时候。当然，他少不了与同学发生一些小的摩擦。有一次下课后，他离开座位从后向前走，从最后一排到前面的第一排，依次将同学的书本、笔盒等全部抛到地上，然后回头一笑，很有“成就感”。这排的同学接二连三跑到我的办公室，一个说：“老师，快去教室看看，谷喆盛把我的书弄到地上去了。”马上又来一个讲：“谷喆盛把我的笔盒摔坏了，我没有惹他。”…… 这样的场景反复出现，而且告状的学生和次数越来越多。当然，在班级被告得最多的还是谷喆盛。有一次课间 10 分钟，就有 8 个学生到老师这里来告他打人。我找到谷喆盛，核实经常打人、打好几位同学的情况，谷喆盛说：“我没有打，就是想跟他们玩。他们不干，我就拉他们一起玩，他们就说我打人。”我基本弄清楚了情况，他确实嬉闹的动作过大，习惯不好。

利用班会，我给同学们讲了很多道理，并提出了一个问题："同学们告状能不能帮助谷喆盛改正缺点？如果不能，那我们为什么告状呀？"学生们静默了。我继续说："能够帮助谷喆盛的方法才是好方法。和他一起聊聊天，和他一起玩友善的游戏，比告状要好，这能够帮助他。"学生们点点头，好像听懂了。

◆简析与研判

刚入学的小朋友遇事就找老师告状，是信任老师、寻求帮助的表现，同时也表明他们对如何与同龄人相处缺乏认识与能力。这里也不排除学生中有一种跟风心理。老师可借机增强学生对老师的信任感，及时纠正学生在相互交往中出现的一些行为偏差，耐心引导他们友善相处，包容他人，共同健康成长。

◆教育措施

已用措施：重视小朋友遇事就告状的现象，核实真相，分析原因，予以正面引导。明确告诉小朋友，对老师信任是对的，但是不能让告状成为学生处理人际关系的手段。引导学生友善相处，提醒谷喆盛，与同学交往要得体得当，避免误会；提醒其他同学宽容，不要排斥谷喆盛同学，建立友善班级氛围。(效果：很好)

拟用措施：在引导班级舆论的基础上，与谷喆盛个别谈话，具体指出其行为错在哪里，引导其纠正不当的行为。在班级公开告诉同学，老师谢谢大家对自己的信任，以后有问题还可以找老师。建议同学们学会谦让对方、协商解决问题，如书被抛到地上后，自己先捡起来，然后提醒另外的同学不要这样干。

在班级开展"交个好朋友"的活动，为学生提供友善交往的载体和平台。表扬谷喆盛以及班级其他比较活泼的学生喜欢与同学交往的特点，鼓励同学间主动交往的行为。在班级开展谁告状次数少、谁被告状次数少的活动，让学生有量化的目标和努力方向，在班级适时点评，让学生从中学会明辨是非，学会相处之道。

禁 忌：“各打五十大板”，对告状和被告状的学生一律严厉批评。只看到学生喜欢告状行为的不妥当的一面，看不到其行为也是对老师信任的一面。武断地判断被告的学生就是一个很坏的孩子，不然怎么这么多的学生对他有意见，把情况反馈给家长，激化矛盾。

第七编 生命安全

对家长有怨气，对老师不信任，对学校教育产生对立情绪，致使学生缺乏安全感，遂增强戒备意识，甚至用极端言行维权；观看《社会与法》是法制意识的觉醒，也是想找出路、寻帮助、求生存。

学生多次用不同的方式流露出消沉、阴郁的心理，是自我挣扎，也是求救信号。然而，埋藏于心的厌世心理，更令人担忧。学生厌世心理大多与自卑和厌学、与学习和生活压力、与心理和情感需求被忽视等相关。

碰到班级的同学打架或被打后，抱团群殴对方，潜在的危害性更大。表面上看，抱团群殴是为了保证本班同学不吃亏，体现班级团结的一面，实际上存在对班集体和团队精神认识的误区。

从教育的角度看，要引导学生学会交往，礼貌待人，宽厚待人，力克冲动。但从安全的角度说，扔一个小核桃、伸出一个拳头，这些学生之间的无意之举，都有可能误伤对方，甚至使对方致残，让人悔恨终身。

即使受伤也不掉链子

案例撰写：方芳，武汉市武昌区小学教师

为磨砺自我，在我入职当老师还不到两年的时候，我内心承受着巨大的压力，努力争取到承接区级教研公开课的机会。在公开课前的几天内，我多次对同学们强调不要关键时刻给我掉链子，类似上课时要上厕所等现象尽量不要发生，要求学生一定在课前做好准备。

公开课那天，教室后面坐了40多名老师。这是综合实践科的一堂实践课。为了让同学们在课堂上有新鲜感，主动探究，我在课前没有向他们透漏这节课的内容。直到上课时同学们才明白，老师是要同学们现场使用刨皮刀刨黄瓜皮。同学们很兴奋，都想来试一试。我选择每组的2号来参与刨黄瓜皮比赛。获胜的小组能得到一面红旗。比赛时间是5分钟。8个组的2号都站在前面准备好了，我一声令下，他们开始刨黄瓜皮。我站在教室的最左边观察女生胡慧文刨黄瓜皮的动作。突然间，我发现她的小嘴巴动了一下，低声“哦”了一下，眉头皱得紧紧的，她看了我一眼。我意识到她使用刨皮刀时可能刮到手了。我上前示意要看一下，胡慧文却把手握得紧紧的，不给我看，继续刨黄瓜皮。我以为她并没有伤着。

公开课终于顺利完成了。我把学生带到教室外面后，有同学告诉我胡慧文流血了。我赶紧过去问她：“是不是伤到手了？”她眼泪含在眼眶里，说：“老师，我不疼。我没有给你掉链子吧！”我把她的手扒开，看到一小块皮被削下来了，瞬间我就有泪奔的感觉。我强忍着要奔出的泪水对站在旁边的班主任说：“不好意思，我发现晚了，麻烦你带她去医务室包扎一下。”班主任说：“胡慧文很勇敢的，那会儿我也想带她走出教室，她不肯，非要等到下课，疼得眼泪都在眼眶里转。”

◆简析与研判

有资深教育人士曾经说，好老师都是学生“抬”出来的。胡慧文刻意隐瞒课堂上受伤的实情，忍痛力挺老师的事实，就是一个很好的例证。在赞赏学生勇敢精神与课堂合作态度的同时，我们必须看到，面临一些重要或特殊的场合带来的心理压力，老师和学生都极有可能出现意外状况。因此，要将安全第一的理念落到实处，做好事前预案，细致观察并及时处置意外事件。

◆教育措施

已用措施：课堂上观察到学生可能受伤，向学生示意要查看伤情。在不知学生隐瞒伤情的情况下，按教学计划继续进行公开课教学。课后发现学生受伤，商请班主任带学生到校医务室包扎处置。对学生课堂上表现出的勇敢与配合予以赞赏，坦诚告诉学生：老师当时心存侥幸，并对学生受伤之事深感自责。(效果：一般)

拟用措施：当学生拒绝查看伤情的时候，本着以学生为本、安全第一的理念坚持查看，确认学生是否受伤并及时处置。事后主动联系家长，就课堂上发生的状况向家长说明，赞赏小孩的勇敢。在向家长表达老师的歉意的同时，引导家长充分肯定小孩的勇敢表现，同时防止受伤部位发生感染。

在班级进行小结点评，在全面小结的基础上，重点对所发生的意外状态的处置进行点评。以课堂意外为事例，向学生讲述安全第一的理念，告诫学生发生危险或伤害时，要及时告诉老师。备课时充分考虑学生有可能不会熟练使用实践工具的可能性，在教学设计上避免使用可能造成伤害的教（工）具。

禁 忌：课堂上只是沉浸在自己的教学中，对学生的状况缺乏观察。对发生状况的学生指责多，赞赏少。责骂孩子太笨，受伤了都不知道说一声。知道学生受伤后，以为只是破了一点皮，不做消毒、包扎处理。

欲报警维权的五年级男生

案例撰写：袁娅娜，宜昌市西陵区小学教师

在五（3）班的一次英语课上，老师发现有学生讲小话，就扭头向声音出现的区域批评提醒。坐在教室左边靠窗户的肖棠气冲冲地一下站起来大喊："我又没讲话，为什么要批评我？"老师告诉他，并没有点名道姓批评他，只是提醒刚才讲话的同学不要影响周围人的学习。肖棠认为老师没点名，但心里已经认定是他在讲话，老师眼睛看着他这边就是在批评他。他说完就掀倒课桌，向教室外面跑去。闻讯赶来的班主任和值周老师，发现肖棠全身紧绷，嘴唇发抖，嘴里一个劲地念叨"你们欺负我""老师要打人啦""我要打110"。几个老师将肖棠拉到办公室。

为了解学生是否有隐疾或在家里发生过不愉快的事，同时也请家长配合做工作，班主任边掏出手机边说："我跟你的家长打个电话，看看你今天是怎么啦。"班主任还没有来得及拨通电话，肖棠就已经跑到窗户边大喊："你们给我家长打电话，我就从这儿跳下去。"

肖棠转到我们学校刚两个多月。此前只知道他是进城务工人员子女，比班上同学大两岁，比较自卑，过于敏感，学习较为困难等。事后，学校还了解到，肖棠的父亲是大货车司机，生活压力大，在家经常打老婆和孩子。肖棠曾经被原来的老师体罚过，班主任遇事就给家长打电话。转学后，其父亲对他说："老师再打电话告状，我开车时就撞死算了。"孩子的妈妈告诉我们，肖棠坚持看《社会与法》栏目，有维护自己权益的想法。

◆简析与研判

肖棠对家长有怨气，对老师不信任，对学校教育产生对立情绪，致使其缺乏安全感，遂增强戒备意识，甚至用极端言行维权；观看《社会与法》是法制意识的觉醒，也是想找出路、寻帮助、求生存。打开郁结、纠偏归正，刻不容缓，也比较艰难。

◆教育措施

已用措施：启动学校特殊学生教育预案，缓解对立气氛，确保学生安全。避开学生，联系家长，核实是否有隐疾，并进一步掌握学生在家的学习、生活情况。专门安排本校心理咨询师与孩子进行交谈，解开孩子心中的郁结。向所在班级的科任老师通报情况，要求班主任随时关注新的动态。(效果：很好)

拟用措施：将当日所发事情处置完毕后，慎重研究帮教措施。要求家长配合，建议彻底改变一些比较粗暴的教育办法，让孩子感受父母的关爱与良苦用心。要求班主任重点关心，加强言语交流与沟通，解决生活困难，视情况加强学习辅导，帮其逐步增强对生活和学习的信心。

在给家长合理化教育建议的同时，针对心理咨询交谈中诊断的问题，重点做好在校的各项帮教工作。制定多项帮教措施并落实责任老师，挖掘该生的优点并适当表扬，鼓励其不断进步；培养其兴趣爱好，并以此帮其融于班集体，体验同学之间、师生之间的友情，缓解戒备心理。

禁 忌：现场坚持联系家长，并要求将小孩领回家管教。使用激将法，“老师又没让你跳”。制止学生当日过激言行后，不再考虑长远措施去帮助学生排解和纠正日久积累的怨气及表现出的毛病，反正问题不是转校后产生的。只向相关科任老师通报该生情况，不研究、不落实具体帮教措施和责任。

勿将毛病归因于遗传

案例撰写：漆白桦，武汉市武昌区中学教师

八（4）班男生张晨，已满14岁，个子也长起来了。一天大课间全班集体跑操时，不知为何尿湿裤子。他就将内裤拿到教室后面窗台晾晒，还非常理直气壮地说："我裤子湿了，当然要晒干呀。"过去，他还经常用手触碰女生敏感部位，举止不当。老师不断地教育帮助，他就是改不了，还动不动就表现得狂躁。这天晾内裤的事也不好怎么处理，老师叫他赶紧把衣服收走，并通知家长送干衣服来换。

类似事情多发，匪夷所思。因事发后张晨更加易怒，只能待其情绪平静之后，再跟他交流。他偶尔也承认错误，表示有悔改之意，但改观不明显。他就像一座活跃的火山，不知何时爆发。其情绪激动时，双眼怒视，双拳紧握，全身战栗，"我要弄死你""我跟你拼了"类似言语不断。其家长说："孩子小的时候父母忙，又没有人帮忙带孩子，就把他一个人反锁在家。张晨从小性格就这样，自打上学读书以来便闯祸不断，家长经常被学校召见。现在小孩依然如故，我们家长也习以为常。"他不会和人交往，几乎没有朋友，长期孤僻造成行为异常。而且，张晨的妈妈还说："张晨的父亲、叔叔，个性全都如此……"难道这还有遗传？听到他妈妈的话，我感到至少学校及老师不能把小孩这些毛病全部归因于遗传因素，从而简单地一推了之。

◆简析与研判

张晨的异常行为主要是与其家庭生活环境和成长经历相关。但难以确定的是，其主要原因是不良的成长环境还是父母的不当教育。张晨的很多不良行为发生在学校，学校当然不可放松教育引导；但从成因看，家庭采取恰当方式，主动干预，并表现出足够的关爱和耐心会起重要作用。

◆教育措施

已用措施：耐心地给张晨讲道理，苦口婆心地交谈引导，特别提醒要注意他人感受，尊重他人，维护自身形象，学会自尊，建立自信。安排班干部多与张晨交往联系，上课多给发言机会。从长远考虑，与家长见面，深入沟通，共同查找“病根”，家校联合，拟定教育引导措施。安排座位时征求其意见，尽量安排与行为习惯好的男生邻座。(效果：一般)

拟用措施：重点分析张晨怪异行为产生的原因，细致地回顾学生成长重要节点的经历和受到的影响，制订矫正方案。建议家长配合学校采取措施改善与子女的关系，或从孩子的问题中找出家长自身言行举止的欠缺之处并及时改进。可看心理医生配合治疗，接受专业心理干预。

班主任和科任老师时刻注意张晨的情绪和状态，发现异常及时沟通，针对症结用恰当方式处置。采取慎重方式，向张晨讲解青春期的生理现象和应对办法，明确男女同学交往要自觉遵守道德和法律底线。个别提醒女生增强自我保护意识。叮嘱男生班干部，遇突发状况而无老师在场时应积极介入，防止事态扩大。

禁 忌：老师带头歧视张晨，甚至用不恰当语言刺激他，或给予过多的负面评价。对班上同学对该生的不待见行为不劝阻、不制止，任其发展。在家长和学生面前暗示老师自己畏难或欲放弃的想法。每当发生状况，一次比一次更严厉地批评指责。在缺乏分析的情况下，独自着急或盲目采取纠正行动。对同学们因厌恶其行为而群起攻之的现象视而不见。

翻墙的幕后指挥认错

案例撰写：徐刚，湖北省罗田县中学教师

柳子亮，在七年级时学习成绩中等偏上，上课也算得上活跃，比较受老师喜欢。他与同学关系比较融洽，言行显得比同龄人成熟稳重，在同学中有一定的组织能力和号召力，特别有表现的欲望。

七年级下学期，班上几位同学晚上翻围墙外出，被值班老师碰上，第二天交给学校政教处处理。柳子亮在政教处与老师发生冲突，老师说是翻墙的同学交代的，但又拿不出证据，柳子亮死活不承认晚上翻墙外出。这时，主管德育的副校长打电话叫我到政教处去一趟。我赶到政教处后，柳子亮显得很委屈的样子望着我，我不理睬他，把他晾在一边，只是询问其他几个同学，过了一会我直接叫他走了。他走出政教处时，的确显得很得意。其实，我听说有学生翻墙后，已经将事情的经过调查清楚。翻墙是柳子亮谋划的，但其他同学翻过去后，他自己又返回了寝室。

柳子亮的父母长期在外打工，他是一个地地道道的留守儿童。多年的留守经历锻炼了他的自我管理能力，喜欢自作主张，特别爱耍小聪明。

那天离开政教处后，柳子亮过了两天得意洋洋的日子。从第三天起明显有躲避我的意思，但上课特别积极，主动参与班级其他活动，而我还是避而不谈翻墙的事。第四天我上语文早自习时，他就坐不住了。自习课刚完，他就进了我的办公室，站在我面前，有点手足无措。我故意问："你有什么事？"然后，他就一五一十地把那天的事主动交代了。

◆简析与研判

在比较活跃的中小学生中，有的人歪点子多，像是同伴的“头”，少不了干些捣蛋的事。然而，事后他们喜欢要小聪明，掩饰自己的错误或者以某种不正当方式达到自己的目的。类似要小聪明之举，会关乎孩子的诚实与诚信问题，切不可一笑了之，任其发展。

◆教育措施

已用措施：得知学生翻墙，及时调查掌握事情全过程，做到胸中有数。将热事件冷处理，给予相关学生足够时间去经历思想斗争和转弯过程。以事实为依据，严厉批评，明确指出组织翻墙不对，要小聪明、推卸责任更是错上加错。充分利用柳子亮的组织协调能力，推荐该生任校学生会主席。(效果：很好)

拟用措施：精准掌握学生心理状态，个别谈话启发学生自己认错，并向政教处老师道歉。让参与翻墙的几个学生一起，各自讲述翻墙前后的经过及应承担的责任，并做自我批评。拨通家长的电话，让学生与家长通话，汇报近两天的学习、生活情况，再与学生交流沟通，达到关心、感化的目的。

在班组开展诚实与诚信教育，要求从说实话做起，懂得“要想人不知，除非己莫为”的道理。充分肯定柳子亮的优点，并引导其将优点和能力用于学习和服务班级同学，建议其在班级做几件好事来弥补过错。建议家长配合学校教育。

禁 忌：告状式家访，不给学生保面子。粗暴地惩戒，变相体罚，“有精力翻墙，今天放学后你们几个把学生宿舍上上下下打扫一遍再去吃饭”。将特定的某一次要小聪明行为无限上纲，“你们完全没有诚实与诚信可言，谁还能相信你们”。不给学生申辩的机会。

老师眼里没有“学渣”

案例撰写：金晶，湖北省麻城市中学教师

七（9）班学生吴桐胜，即将年满十五周岁，在同班同学中年龄偏大，学习成绩和行为习惯都不太好。

入学后几次作文，他曾写道：“像我这样的学渣，在学校里就是混日子，将来走上社会也会被淘汰，我觉得生活没有意义。”不知他是有意还是无意写了这么几句话，我不禁联系到“自卑”“厌学”“厌世”几个词，用“心急如焚”来描述我当时的心情是一点都不夸张。我急忙与班主任沟通，向班上同学了解情况。原来他们家经营出租车，父母平时都很忙，无暇顾及孩子。每到周末，父母就给他几十块钱，让他自己买吃的，饿不着就行了。吴桐胜周末就整天上网玩游戏，总觉得自己无人关爱，成绩又不好，读书也读不出什么名堂。

在学校他不跟同学交往，动不动就发脾气，有时还拳脚相向。在课堂上，虽然他一般不会“大闹天空”，但注意力不集中，总是左顾右盼，影响其他同学学习。在一次英语课上，老师实在看不下去，就批评教育了他几句。吴桐胜竟说出“我就是不学，你杀了我吧”这样的话，把英语老师堵得心发慌。

有一次，吴桐胜在语文课上闹了点情绪，我将他叫到了办公室，非常平静又平等地与他进行了交心谈心。那天，也许是被我的真诚而感动，也许是淤积太深，他开口倾诉了：“我也晓得我什么都不好，爸爸妈妈都不管我，有话都要憋着，没地方讲，有人撩我惹我，我就想揍人出气……”他说着说着潸然泪下。我真诚地告诉他，他不是只有缺点没有优点，在我眼中他是个坦诚、真实、彬彬有礼、敢作敢当的好男生。我还告诉他，其实他不比任何同学笨拙，不要为家庭境遇所缚……

吴桐胜的坦诚倾诉，我的一番开导，增强了我们之间的信任。后来，我们一次又一次地交心谈心，我看到了吴桐胜可喜的变化：他能主动和老师交心，与同学玩耍，积极参与活动，变得开朗自信、充满阳光，学习成绩也直线上升了。

◆简析与研判

学生多次用不同的方式流露出消沉、阴郁的心理，是自我挣扎，也是求救信号。然而，埋藏于心的厌世心理，更令人担忧。学生厌世心理大多与自卑和厌学、与学习和生活压力、与心理和情感需求被忽视等相关。对年幼不知适当宣泄的学生，家庭和学校的外力干预，及时的疏导和开导，更多的关注与关爱等，是他们心灵健康成长的重要保障。

◆教育措施

已用措施：了解情况，立即找学生谈话，告诉他所有的父母都爱自己的孩子，毋庸置疑。及时与家长联系，并积极建议其父母抽时间与孩子交流，孩子不仅需要钱花，更需要父母的爱与陪伴。个别谈话，找出学生的亮点并充分肯定，对学习和行为习惯方面的进步随时表扬和鼓励。（效果：很好）

拟用措施：作为个别谈话的补充，在周记作文里继续交流，及时疏通心理郁结。在班干部竞选中，积极推荐该生参加竞选。当选进入班委后，让他通过为班级服务，得到同伴认可，逐步消除自卑情绪。从加强语文课的辅导入手，帮其提高学习成绩，不断增强自信。

利用师生间的互信，引导学生树立理想和信念，制定学习目标，通过不懈努力，改变自己的人生和命运。指出该生脾气大、好揍人，以及课堂上不积极、不主动等缺点和毛病，要求其做一个心胸开朗、乐观向上、勤奋向上的少年。择机组织“珍惜生命”主题班会。

禁 忌：简单粗暴，直接向家长告状，不与学生沟通交流，一味地批评指责。多次见到或听到学生流露出厌学、厌世情绪，忽视不管，以为“小孩子的话不能当真”“真要是不想活的，就不会经常说”。

一个核桃引发一场纠纷

案例撰写：贺维学，江苏省徐州市铜山区中学教师

10月中旬的一个上午，刚下第二节课，八（9）班的多数同学都到走道或下楼活动去了。这时教室留下的同学并不多，许玉宽从自己书包里掏出一小袋核桃，砸开几个就开始吃起来了。隔排座位上的李亮章，走过来抓起一个核桃剥开就吃。许玉宽极不高兴，生气地说："谁给你吃的呀？这不明摆着就是抢吗？"刚把核桃放进嘴里还没尝到味道就被这句话堵住了，李亮章顺手抓了一把核桃就朝许玉宽的脸上砸去。变得更为恼怒的许玉宽伸手就给了李亮章一拳。就这样俩人在教室里扭打起来，打翻了许玉宽座位周边的几张课桌。幸好在教室里的几个同学及时上前劝架，制止了他们，他们两个才气鼓鼓地被分开。

事后，班干部专门向班主任汇报许玉宽和李亮章为吃个核桃打架的事情。班长担心，由于班上出现打架这类严重违纪的行为，当月本班就没有资格向学校推荐校级"文明礼仪标兵"。整个班一个月的努力又是竹篮打水一场空！于是，上午课刚上完，我就将许玉宽和李亮章叫到办公室，调查事实的经过，并了解两个平时好好的学生为什么就为一个小小的核桃大打出手。"许玉宽，听说是你先动手的。你先说说为什么动手打人？"许玉宽理直气壮地说："我费好大劲砸开几个核桃，刚开始吃他就过来了，拿起来就吃，连个招呼都不打，好像这东西是他自己的一样。"李亮章申辩说：

“没见过你这样的小气鬼。不就是拿了你的一个核桃，值得你动手打人吗？你以前吃我的东西打过招呼吗？”他俩各执一词，相互扭打时的怒气还没有完全消除。

◆简析与研判

平日相安无事的男生，为一个小核桃扭打起来，表现出青春期的冲动与易怒，完全没有常见的大度与义气。从教育的角度看，要引导学生学会交往，礼貌待人，宽厚待人，力克冲动。但从安全的角度说，扔一个小核桃、伸出一个拳头，这些学生之间的无意之举，都有可能误伤对方，甚至使对方致残，让人悔恨终身。

◆教育措施

已用措施：调查取证，向班干部和涉事学生了解事实，耐心听取各自的陈述，弄清事实情节。分别对两个学生进行教育和批评，纠正其不良心态，并指出问题的严重后果。要求学生根据自己在纠纷中出现的错误以及应承担的责任向对方道歉，握手言和。暂停俩人班级“文明礼仪标兵”参评资格两个月。(效果：很好)

拟用措施：围绕“核桃之争”组织主题班会，引导学生文明相处、礼貌待人，加强德行修养，维护集体荣誉。对两个涉事学生提出新的要求，每周为班级做一件有意义的事，连续做两周，暂停评选资格的处罚可减少一个月。为学生收集、推荐中小学校学生相互误伤案例，促使学生认识扭打后果，避免安全事故。

择时联系家长，进一步了解小孩在家的行为习惯，分别判断俩人易冲动、缺礼貌的深层原因，增强教育的针对性。借此机会，在全班进行争当“文明礼貌标兵”再动员，列举存在的问题，提出新要求，增强学生信心。

对学生进行青春期心理咨询和教育引导工作，帮助学生有效消除叛逆期的弊端。

禁 忌：感情用事处理学生扭打事件，责怪学生为班集体抹黑，“两只老鼠搅坏了一锅羹”。老师情绪暴怒，出现语言暴力甚至身体暴力行为。不分青红皂白，直接判断是非曲直，或“各打五十大板”。简单地将打架的学生交给学校，或交给双方家长处理。

嬉闹付出两颗门牙的代价

案例撰写：马俊梅，湖北省长阳县小学教师

四月份一个星期五的上午，阳光明媚。上完第三节课后，我拿着书向办公室走去，半路上突然听见后面有学生喊我："老师，老师！我的牙齿摔掉了！"我扭头一看，是班上的吉瑞新同学。我停下来问他："刚才都挺好的。现在怎么啦?""我的牙齿摔断了两颗。"他边说边伸出手掌让我看他手心中的断牙。

看到一个小男孩刚长好的门牙断了两颗，我顿时感到无比心疼，便问道："是自己不小心摔了，还是被人打了?""是我刚才下课跑得太快，磕到墙上去了。"

吉瑞新跟着单亲爸爸生活，母亲在他五岁时就离开了他们这个家。我对他平时比较关注，吉瑞新也比较信任我，我相信他刚说的都是实话。紧接着，我又查看了他的嘴唇、舌头及四肢，没有发生其他损伤，就嘱咐他把断牙收好，回家后让爸爸带他到医院看牙。吉瑞新离开后，我有点不放心，拿出手机给他爸爸拨电话，可是听到的话语是"您拨打的电话已停机"。无奈，没法联系上。当日中午12点，寄宿生放假，回家过周末。关于安全注意事项，我在周末放假前专门在班级进行了交代，提出了很细的要求，包括不要跑得太快等。因此，周一学生返校后，就没有过多地去想学生安全方面的问题。

一个星期之后，吉瑞新的爸爸找到学校来了。本来我们很熟，但是他这次见到我显得很生气，直截了当地说："我的娃门牙断了两颗，我今天一大早吃饭的时候看他不能吃硬的才知道。听说是被班上的同学打倒后磕掉的。老师，您看该怎么办?"听说牙是被同学弄断的，我十分惊讶，当即找了当时在场的同学核实，并联系了另外一个学生的家长。的确，吉瑞新的牙是在与班上另外一个同学嬉闹时，不小心倒在地上磕断的。

◆简析与研判

学生嬉闹发生一般性意外事故，经核实情况后分清责任，学校可视情况由校长出面或请当地村委会出面协调，由双方家长协商落实赔偿。学校及老师可以处置类似意外事故为契机，对学生进行文明行为习惯的教育和预防校园意外安全事故的教育，同时建立校园意外安全保障及事故处置机制，及时妥善处置学生校园安全意外事故。

◆教育措施

已用措施：得知学生磕断牙后，便立即询问情况，确信无大碍后建议学生回家告诉父亲并上医院。得知学生断牙另有隐情后，认真调查核实，并请学校领导出面协调处理。请学生所在地村委会主任多次协调，促成双方家长达成共识，形成书面协议，并按协议赔偿，支付装假牙费用。（效果：很好）

拟用措施：及时设法联系受伤学生家长，争取主动，为及时治疗赢得时间。当时抓紧时间深入调查核实情况，弄清真相，主动或联系另一名学生家长带受伤学生上医院检查治疗。及时向学校领导汇报，听取有经验的老师的建议，为事后调解、协商赔偿等做好前期基础性工作。

鼓励学生在碰到困难或意外惹祸后，及时向老师报告，寻求帮助与指导。收集校园安全案例，用真实案例教育学生增强自身安全意识，并了解避免意外伤害的具体方式方法。在班级开展文明礼貌教育，教育引导学生礼貌谦让，行为举止要文明，避免嬉闹中发生误伤。

禁 忌：对学生意外受伤后，不理睬、不处置，漠视学生安全，留下更大隐患。对学生之间嬉闹等引发的事故，推卸责任，“两个孩子之间的事，你们双方家长自己看着办”。只考虑事后意外安全事故处置问题，缺乏校园安全教育以及意外安全事故预防措施。

男生发生纠纷像斗鸡

案例撰写：阮芳，武汉市洪山区小学教师

为确保学生放学回家途中的安全，学校以班为单位整队离校，并安排老师将学生的路队护送通过主要的路口，到达相对安全的地段后由学生自己回家。

这天下午刚放学，我在第三路队进行出发前的整队工作，当我从路队前朝后看的时候，发现余阿顺和李超频在路队后面大声争吵，很快开始相互拉扯。余阿顺是我们班上一位特别调皮、倔强、颇让人费心的学生，他平时与同学来往稍有不顺心就开口骂、动手打。

今天刚出教室又惹事了！我赶上前去呵斥道："余阿顺，你又在干什么？"看见我一脸不高兴的样子，讲话语气又很严厉，余阿顺稍有收敛。两个人不再拉扯，原地不动，目光怒视对方。我扫视这两个像斗鸡一样的小男孩，发现他们的脚边"躺"着一部手机。李超频哭诉着："老师，阿顺把我的手机摔坏了！前些时刚买的新手机。"余阿顺理直气壮地叫嚷："他不给我玩，我才会摔的。""余阿顺，你这叫什么理由！"整队的时候现场非常嘈杂，我又十分生气，提高声调吼道："你总是欺负同学！看我不告诉你爸爸，让他狠狠揍你一顿！"说完，我抬手用自己携带的手包向他挥去，手包落在他的肩膀上。虽然这只是个吓唬他的动作，可当时就把余阿顺这颗"炸弹"引爆了！他暴跳如雷："你总是只批评我！"然后背上书包就要跑出路队，我拦住他："别走，我还要找你。"此时，余阿顺用力推开我伸出的手，怒不可遏，扬长而去，独自离开了学校。紧接着，我拨通了余阿顺爸爸的手机，通报放学列队时发生的一幕，建议他密切关注小孩的情绪和行为，找个借口问问他当天在学校的表现情况……

◆简析与研判

放学时刻，老师和学生紧绷的神经开始有所放松，而放学路上情况复杂多变，学生矛盾易发，安全隐患较大。老师护送路队是了解学生言行举止、发现问题的良好机会。余阿顺被激怒后的言行真实地表现了他内心的感受和对老师的怨气，为老师教育引导其改掉不良习惯带来一次机会，老师应抓住教育引导的机会。

◆教育措施

已用措施：当场发现并制止两个学生之间的拉扯行为，防止拉扯升级为殴打。对当事的学生进行严厉批评，并将情况及时通报家长，防止学生回家后情绪出现异常。次日，在第一时间找到余阿顺，细心交谈，问明情况，同时对比较冲动地当着同学的面对他进行严厉批评的态度做自我批评，体现老师的歉意与真诚。(效果：一般)

拟用措施：将当天护送路队的工作委托给带队的其他老师，追上前找回该生，安抚情绪，防止意外。借摔手机一事，向该生讲明同学间相处要相互尊重，借用或玩耍他人的物品、玩具等应先征得同意，不能抢夺。明确告诉该生，他也是老师最喜欢的学生之一，批评多是因为希望他能做得更好，承诺以后会注意批评的方式和场合。

约家长一起与小孩恳谈，遇事要冷静，学会控制自己的情绪，指出其与同学的很多纠纷都是在情绪失控后发生的。次日将两个学生请到办公室，指出双方的不足，化解矛盾的同时，要求学生互相尊重和帮助。主动肯定余阿顺的优点，并引导班级同学帮助其找出更多的优点；启发和引导该生自己找出弱点，认识和弥补自己的不足。

禁 忌：涉事学生生气地跑开后，教师不采取任何措施，置学生的安全于不顾。教师明知自己冲动批评学生过于严厉时，但碍于面子而不认错。知道涉事学生安全到家后，没有安排后续的教育、沟通、引导等工作，再次错失良机。就事论事，忽视学生在冲动时所说“你总是只批评我”这句话的抱怨。

酷爱上网的“中心人物”

案例撰写：余炳忠，武汉市新洲区小学教师

盛文威从外地转校来到五（1）班后，很快就成为学生中的“中心人物”。他个子比较高大，说话嗓门也大，班上的男生都跟着他转，他说什么，身边的同学都听他的。我感到有点奇怪，盛文威怎么这么快就在同学中树立了“威信”？有一天，我试探性地问班上另外一个男生：“你们好像什么都听盛文威的？”这个同学告诉我：“我们都喜欢他。上次一个六年级的男生想欺负我们班的同学，盛文威不怕他，还上去理论了几句。后来就没有人敢欺负我们了。”看来，盛文威还有些正义感，对同学也比较讲义气。此后，我还看到盛文威经常带零食请同学的客，有好玩的也能跟同学分享，比较大气和大方。

有一天放学后，盛文威的爷爷急急忙忙地来到学校，说孙子放学后没有回家，不知跑到哪里去了。我看爷爷年纪已经很大，就问怎么不让他的爸爸妈妈来呢？爷爷说：“哎呀，他爸爸妈妈在外地做生意，没时间管小孩。每次回来后，就是带吃的，给些钱。”“那您知不知道孙子可能去哪里了？”“他喜欢上网，不知道又躲在哪里上网。”了解这些情况后，学校迅速组织老师到街镇网吧寻找，但没找到。然后，给班上的男生或家庭逐一电话联系，终于在一个同学家里找到了他。

知道盛文威酷爱上网，我就利用数学课加以正面引导。有一次，五（1）班女生邹庆娜同学在做作业时，使用了三种不同的方法解答，其方法与其他同学都不一样。我明知故问，请邹庆娜讲一讲是怎么想到那些解题方法的。她说是从网络上学到的。全班同学从中受到启发。

◆简析与研判

盛文威以具有正义感、豪爽大方等特点在同学中树立了威信，但酷爱网络游戏会致其在学习和行为习惯上出现偏差，甚至可能误入歧途。在充分肯定其优点的同时，老师采取措施正面引导，将网络变成学习的工具与途径，收到润物无声的效果。

◆教育措施

已用措施：接到家长反映学生放学未归的信息，及时问明情况，组织老师四处寻找。基于家庭条件许可，建议家长在家装上网线，限定使用网络的时间。利用榜样示范引领，在数学课上请通过网络学习开阔做题思路的同学介绍情况，启发班级同学用好网络资源。(效果：一般)

拟用措施：建议信息技术课老师，正确引导学生利用网上资源，并讲授一些具体的学习方法。安排和引导自治能力较强的同学与盛文威结对，增强上网学习的目的性，并限定在一定的时间范围内。与该生深入沟通，制订计划，教育引导该生学会简朴与节俭，转变大手大脚花钱的行为。

引导全班同学利用 QQ 等网络平台进行交流，探讨交流学习上的问题。与其父母联系，建议加强与小孩的联系，关注教育问题，提供物质条件要适度，防止小孩产生不良生活习惯。肯定该生积极、友善与同学相处的优点，同时指出平等、真诚相待是同学关系的基础，避免无原则交往。

禁 忌：对处于“中心”地位的学生批评指责，“就知道用吃的喝的拉拢同学，尽是一些酒肉朋友”，忽视该生善于交往的优点。对酷爱网络的行为不是引导，而是严加限制，适得其反，强化学生逆反心理。对学生监护人反映学生没有回家的事不以为意，表现冷漠，无视学生可能面临的危险。

擅自审案欲找回班费

案例撰写：陈小华，陕西省铜川市耀州区中学教师

我们学校是一所农村寄宿制学校。每周一至周五的晚上，学校为寄宿学生安排了晚自习。由于学生食堂的晚餐开得比较早，第二节晚自习课后，学生都会到食堂去吃夜宵，买块面包、喝杯酸奶等。

五月的一天晚上，七（2）班的很多同学照例去食堂吃了夜宵。班长李小华从食堂回到教室，准备将收的班费带回宿舍。当李小华打开自己的课桌兜准备从放钱的小纸盒拿钱时，她惊呆了，叫了一声："我课桌兜的100元班费怎么不见了呢？"

李小华这么一声叫，当时在教室里的同学都听见了。大家也感到很奇怪，这么晚难道还有人到教室里来偷钱？再说，旁人也不知道班长桌兜里放了钱呀！于是，几个同学建议班长先在班内调查。李小华与几个女同学回到宿舍后，七嘴八舌想了很多办法，最后把重点目标锁定在本班的女生孙蕾身上。这几个女生都知道，孙蕾本周返校时，她家里只给了她10元钱，而她这几天花钱却很大方，买了不少零食。经过这么一分析，李小华就与同房间的几个女生一起找到同住在三楼的孙蕾问个究竟："孙蕾，是不是你拿了我们班的班费？""不是我，我没有。"孙蕾低声回答说。有个女生紧接着问："那你这个星期花钱买那么多零食，钱从何而来？"孙蕾低下头不说话了。在此情况下，另一名女生穷追不舍，说："你不要狡辩了，偷了就应该承认。”听到这句话，孙蕾很快从裤兜里掏出钱来，咬着牙、含着泪把钱都撕掉了。然后，孙蕾冲出宿舍，扑上护栏，准备跳楼。幸好站在走廊看“热闹”的一名同学及时拉住她，才避免了一场不幸的发生。这时，有同学打电话请老师赶到宿舍。

◆简析与研判

单纯的青少年学生遇见“案情”发生，就会模仿侦探调查破案，以此伸张正义，并感受成功的喜悦。但学生缺乏基本的法制观念，不明白类似自主行为会对“嫌疑人”造成意外伤害，甚至引发严重后果。因此，在保护学生正义感的基础上，需要对学生进行严肃的教育和耐心的引导，传授正确的方法。

◆教育措施

已用措施：赶赴现场，安慰孙蕾同学，劝其珍惜生命，确保其安全，并承诺将公正处理。找班长等了解情况，并进行思想教育，明确指出虽出发点是好的，但不可随意怀疑、审讯同学，让她们就此向孙蕾道歉。事后，细致倾听孙蕾的申述，与其加强交流沟通，鼓励其他同学也多与其交往，逐步解开其心结。(效果：很好)

拟用措施：进一步核实、了解孙蕾家庭情况，制订长期帮扶计划，从经济上接济、思想上教育、道德上引导。进一步教育参与“侦破案件”的同学，要求学生学会处理问题讲程序、思后果、能宽容、不莽撞。对于丢失的班费不予追究，稍过一段时间后，老师可采取灵活的方式，如老师垫付等方式处理。

既然此事班级同学知晓，老师先与孙蕾沟通，消除其顾虑，然后组织主题班会，围绕信任、友爱等让学生进行自我教育。请班长现身说法，交流经历此事后的感悟，如丢失班费是个人的失误，遇敏感的事先向老师和家长报告请教等。收集典型案例，结合叛逆期心理实际，为学生讲一堂“珍惜生命”专题课。

禁 忌：接到紧急电话，不能在第一时间赶到现场处置，以为学生被救了就不再有事。对待孙蕾同学，只有一般性的安慰，忽略对珍爱生命方面的教育与开导。对班长等同学的行为不能一分为二，只有责怪，对其正义感等缺乏必要的肯定。就事论事，不能充分利用身边的事件对学生进行综合教育。

悄悄拿走爸爸 100 元钱

案例撰写：詹凤勤，武汉市黄陂区小学教师

我们这所村小地处城乡接合地带，此地正在进行新的开发区建设。学校周边的设施还不够完善，环境比较差。校门口就是一个小型的商业街，热闹非凡。学生上下学，购买零食，极为方便。由此而来，学生乱扔垃圾的现象也很普遍。

为了遏制学生攀比购买零食、不讲卫生、乱扔垃圾等问题，学校采取了很多办法，包括校领导和各班的班主任花费了很大精力，仍然没达到禁止垃圾食品和乱扔垃圾的目标。

围绕零食，学校里发生了这样一件事。一天上午，一年级学生刘欣媛的父亲来到学校找我说："老师，我先给您讲讲情况，再商量怎么办。"我从家长的语气感到要谈的问题不是小事。刘欣媛的父亲接着讲："前天放学后，女儿悄悄从我的包里拿了 100 元。当时我并不知道。可是昨天，我打开包发现少了 100 元。仔细回忆起来，在家里丢失的可能性最大。于是，回家后再三追问女儿，她才说出实情。原来班上有两个女孩，姓何的和姓汪的，逼迫女儿给她们钱来买零食，而且不允许告诉任何人。不然，就打死她。"我插话问道："这 100 元现在在谁手上？"家长说："昨天上午已经给那两个女生了。"我请家长放心，一定会联系另外的家长，教育学生，处理好这件事情。

根据家长提示的两个学生的姓，我分析：何芬韵，父母离异，爱吃零食却没有零花钱；汪慧脑子灵活，会出点子；刘欣媛胆小，成为她们的“猎物”。我分别找来三个女生谈话，核实情况。毕竟是一年级小朋友，我还没有怎么追问，只是提示吃零食很花钱，何芬韵、汪慧自己就“招了”……

◆简析与研判

物质对孩子的诱惑很大，尤其是对那些家庭变故、家教缺失、经常搬迁或转学的孩子更为严重。在不稳定的生存环境下，为了满足对物质的追求，打开局面树“威信”，他们就动起歪脑筋，采取向同学要钱、索要物品、威胁恐吓等不当行为，对自身行为的危害性缺乏认识，甚至不会考虑后果。班主任须抓住苗头，趁早教育引导，纠正学生的不良苗头，防止学生向更坏的境地发展。

◆教育措施

已用措施：分别找三个女生谈话，了解细节，掌握事实真相，并在此基础上分清责任予以批评教育。重点向汪慧与何芬韵讲解，为什么不能伸手，更不能用威胁方式向同学要钱，启发学生认识错误的严重性。同时，讲清楚过多食用零食对身体造成的危害，以及乱扔垃圾对环境的影响。及时与家长沟通，落实偿还款项事宜。（效果：很好）

拟用措施：继续跟踪调查两个女生的行为习惯，暗中摸排或继续观察是否对其他学生有威胁要钱的事情。在平时的学习和生活中关心她们，特别是加强对何芬韵的关注，提供必要的帮助，促其健康成长。在班级开展节约与简朴生活的教育，引导学生不乱花钱，用钱要向父母申请，钱花到哪里也要告诉父母。

在班级引导同学间友好相处，互相学习、互相帮助，从不欺负、不打骂同学做起。利用校训通平台与家长保持联系与沟通，家校协调一致，互通信息，及时发现和纠正学生不良行为的苗头。引导学生围绕吃零食开展讨论，重点列举其坏处。

禁 忌：对学生的批评不考虑学生的年龄特点与承受能力，“这么小就知道不劳而获，长大了不就成了流氓、土匪”，伤害学生的自尊。在班级公开两个女生的不当行为，让班级同学对她们形成“坏学生”的印象，致其在学生中受到孤立。不以为意，轻视小学生中发生的类似问题，以为小孩长大一点就不会发生逼迫同学拿钱的事。

第八编 纪律意识

孩子喜欢用“威胁”这一招，成因显而易见，这是家长娇惯或错误引导所致。孩子天生的本能和生活体验告诉他(她)“会哭的孩子有奶吃”，于是与成年人进行心理较量，且屡试不爽后就会变本加厉。

有的学生不喜欢学习，或不喜欢某一门功课，会采取恶搞的方式表现自我、遮盖弱点、转移视线、从中取“乐”等，达到顶撞老师，激怒老师，或吸引老师注意的目的。

少成若天性，习惯如自然。小学阶段教育最重要的任务之一就是培养学生好的习惯，包括学习习惯。课堂上不专注、作业拖拉、动作疲沓，很明显是习惯的培养和养成方面出了问题。

随着年龄的增长，学生开始琢磨如何对付家长，误以为“学习不好”可作挡箭牌，不接受家长安排的额外训练，这才在课堂上有“装”的表现。

课堂睡觉的学生醒了

案例撰写：石彩霞，湖北省洪湖市中学教师

张雪中是一名“回流生”，从九年级倒流到八年级，听说家长点名要将其转到我所在的八（3）班。

可是，在开学后第一次语文课上，张雪中就不给我面子，上课睡觉，而我历来坚决杜绝学生上课趴着、讲话，更何况是睡觉呢。我当时就直接在课堂上说：“你怎么从九年级睡到八年级还没睡醒啊？”他当时就坐起来了，没再睡了。我继续讲课，发现他虽然不睡觉了，可是却开始骚扰周围的几个同学。我顿时火冒三丈，狠狠地瞪了他一眼，并停下来不讲课。我不讲，他也不讲了。我忍了又忍，再继续讲课，他却又开始睡觉了。我大喝一声：“不要睡觉了！”他当时狠狠地瞪了我一眼，我心中郁闷不已，当时忍住没发火。下课后我移步去他座位时，看见他已经走了，便问旁边的同学。有同学说他一直在睡觉，您不用因为他坏了自己的心情，不用管他。我唏嘘不已：“这样的学生为什么要从九年级回到八年级呢？”第二节课后，我向班主任咨询了张雪中的情况。他父母离异，父亲刑满释放刚回家，家里没人管他。班主任给他家长打电话讲了好久，家长说只要他不闹，安全在校就够了，并让我不要管他。听着班主任的话，我陷入了深思……

后来我尽量很委婉地提醒他，几天后还发现了他的一个优点：字写得比较好！于是我就开始接近他，帮助他，表扬他……张雪中渐渐在课堂上睡觉少了，同学们对他的评价变了，他看到我的时候有了笑意。

◆简析与研判

“回流生”，无论是从外地转回，还是本校留级，家长和学生定有苦衷、自有期盼。在新的学习、生活、人际、班级环境中，背着无形的“标签”，他们在努力中去适应，在适应中去努力。老师细心帮助一把，他们会因为看得到希望而振作；老师粗心忽略一下，他们会因为要面对失望而消沉。

◆教育措施

已用措施：从首次发现该生字写得好入手，肯定和鼓励其优点，容忍其缺点。逐步发现其记忆力好、善于背诵文言文的优点，点名让其表演；利用其爱好体育的兴趣，鼓励其参加篮球训练和校田径队，增强其信心与自尊。通过发现该生兴趣与爱好，帮助其找准符合自己特点的项目或方向去发展，扬长避短，快乐成长。(效果：很好)

拟用措施：建立信任后，详细询问他对待学习的态度，帮助其制订初步学习计划，明确努力的目标，并施与援助。基于学生及家长的信任，亦师亦母，给予更多关爱，促其保持阳光向上。先从语文课开始，然后联系各科任教师参与，加强课业辅导，帮助学生提高文化成绩。

鼓励学生将书法、背诵、体育等方面的学习兴趣和兴奋点向其他课程的学习迁移。及时联系家长，对家长进行必要的鼓励，增强家长对小孩的信心，促使家长主动配合老师做好帮教工作。引导班级同学与该生多交往，传递正能量，在自愿的基础上，安排学生对口帮扶其课业学习。

禁 忌：采取歧视态度，致使“回流生”感到低人一等，加重其自卑感和学习压力。发现或纠正学生的问题并采取高压方式，与学生闹翻脸，不忌讳正面冲突。讽刺挖苦，言语刺激，“这样学习，还不如不回流，早点混个初中毕业还好些”。以个人同情甚至施舍的姿态教诲学生。

嬉闹演变为对骂和打闹

案例撰写：阮小娟，湖北省红安县中学教师

程西民，七（1）班学生，13岁，成绩很好，尤其是数学、英语很突出，自己很骄傲，可是他并不招人喜欢。上课讲话、下课嬉闹，与同学交谈略带挑衅性、攻击性、侮辱性，经常引发纠纷，甚至发展成对骂。然而，事后同学们似乎又并不十分在意。

那天，我到办公室刚坐下，一个女生跑来告诉我：“老师，程西民和张燕对骂，然后打起来了。”我当时想天天都有学生嬉闹，应该没什么。很快那个女生又来了：“老师，张燕都哭了，我说的是真的。”看她焦急的样子，我意识到这次“打闹”应该有点严重。

我把程西民叫到办公室，但并没有叫张燕。我忍了一会没说话，程西民绞着手指、咬着嘴唇，有点不知所措。这时我才开口：“知道为什么把你请来吗?”他低下了头，没有吱声。我正准备接着讲，张燕跑了进来：“老师，我不计较了，算了，您别处罚他。”我看了看张燕，她被打的脸还有点红，眼泪才干。我想了想，便让张燕先回到教室。我又看向程西民：“张燕的话听到了吧，你有什么感想?”他的头更低了。我叹了口气，其实我本来很想先批评他一顿，尽管很可能不起作用。更趋平静后，我对程西民说，“今天，你打人了，知道吗？而且还打女孩耳光！近来一段时间，你不停地疯闹，取笑别人，辱骂别人，动手打别人。那么以后呢?”我看他眼睛有点红，偏着头，就转话题谈到了学习。最后他还是忍不住哭出来了。

◆简析与研判

青少年学生之间嬉闹是顽皮表现，本是天性使然。但是像程西民这类男孩，闹起来搅得整个班级不得安宁，在一定程度上是在吸引关注。若不加以控制，将直接影响文明行为习惯的养成。媒体也曾报道过因嬉闹导致的过失伤人事件，我们应该从中吸取教训。

◆教育措施

已用措施：选择不断观察程西民的表现，摸准他的心理，针对他的问题，引导他自己认识个人的不当行为及危害，最终达到改正的目的。当程西民知错时，用语言勉励："把眼泪擦掉，做一个真正的男子汉。"引用嬉闹失控过失伤人的案例，对学生进行教育，认识并预防一般嬉闹潜在的安全风险。（效果：很好）

拟用措施：对于喜欢带头嬉闹的学生，安排一些力所能及的事情给他们消耗过剩的精力，如参与班级管理服务等。在班级倡导文明行为习惯养成，如不打架、不骂人、不伤和气等。给嬉闹习惯比较重的学生提出一个纠正不良习惯的大致时间范围，给予学生足够的自我纠正时间，体现宽容，并强化过程监督。

与班主任结合起来，密切关注学生的行为变化，在适当的时机给学生提醒，防止嬉闹变成打架。经常采取措施提醒或检查学生身上或书包是否带有一些危险性的物品，以免伤害自己和他人。通过体育老师等，组织学习一些有趣的游戏，把学生花在嬉闹上的精力转到安全的游戏上来。

禁 忌：急于将学生打人惹祸的事情告诉家长，不考虑家长如何惩罚小孩。强行要打人的学生给被打的学生认错道歉。用制订班级规章的办法，明文禁止学生在校期间以任何形式嬉闹，违者全班批评或通报家长。既然嬉闹不可避免，对时而因嬉闹引发的矛盾不管不问。

“小公主”偏好威胁手段

案例撰写：邹丽，武汉市洪山区小学教师

张温莎，三（1）班学生，看上去像一个芭比娃娃那样可爱，开心的时候总是咧着嘴笑，有时候看见老师打扮得漂漂亮亮时，她会叫老师“皇后”或者“公主”之类的，看见女同学也会这样叫，这源于她读的童话故事。爷爷奶奶把张温莎看得非常娇贵，什么事都依顺着她。一旦有要求达不到，或不想做作业，她就用“我不想活了，我活着没意思”这些话威胁家长。家里拿她没有办法。

张温莎在学校写作业非常慢，还经常找一些不写作业的理由。经过一段时间的观察，我发现张温莎写作业的时候喜欢把写得不太好或不太清楚的字描了又描，不满意擦掉重新写，直到满意为止，还真是执着。哪里有一点小动静她就会张望许久，喜欢把笔或者手指头放到嘴里，有时可以放许久。如此，一节课只能写几个字，经常完不成作业。

张温莎也喜欢“威胁”老师，经常跟老师讲，“大家都不喜欢我，我要去跳楼”“这个世界真讨厌，我要离家出走”等。有同学不借东西给她，她就威胁同学。因此，她跟同学关系不好，同学都不跟她玩。家长怕她在学校出事，拜托老师要小心。老师就不敢批评她，生怕她做傻事，不好跟家长交代，结果情况越来越严重。刚开始我们担心是孩子心理出了问题，就及时向家长反馈了解情况。时间久了，她还“变本加厉”，耍起小公主脾气，稍微有一点不满意，就摔桌子摔椅子，背起书包往教室外面跑。老哄着她也不是个办法，于是就“顺”着她，反而这时“奇迹”出现了，她居然不走了。

◈简析与研判

孩子喜欢用“威胁”这一招，成因显而易见，这是家长娇惯或错误引导所致。孩子天生的本能和生活体验告诉他（她）“会哭的孩子有奶吃”，于是与成年人进行心理较量，且屡试不爽后就会变本加厉。成年人要在较量中有所作为，细致观察、理性判断、冷静处置，既是应持有的态度，也是有效的方法。

◈教育措施

已用措施：冷静细心观察，发现其“威胁法”其实是在用心理战术坚持个人诉求。用逆向思维方式打破其“如意算盘”，纠正其错误言行。进行家访，做好其父母、爷爷奶奶的思想工作，统一对孩子行为的看法以及教育帮助办法。做心理工作，通过故事等加强对孩子心理方面的辅导，训练其用正确的方式表达思想和诉求。(效果：一般)

拟用措施：家长和老师耐心与孩子交流，利用孩子喜欢童话故事的特点，选择讲与矫正娇惯、任性习惯有关的故事，引导孩子改掉喜欢“威胁”的毛病。孩子提出要求时，先与她一起分析是否合理，讲清道理后再确定是否可以满足。在班级开展“交个小朋友”等活动，让学生学会与小同伴交往和互相尊重。

培养学生良好的学习习惯，开展“谁的作业做得好做得快”活动，加强对张温莎作业的个别指导。鼓励张温莎写作业时表现的执着精神，同时建议她利用课余时间练习写字，提高书写速度。开展读绘本讨论“小公主为什么可爱”活动，引导学生讲卫生、懂礼貌、守规矩。

禁 忌：无原则答应学生任何无理要求。教育批评不奏效立马放弃原则，“小公主，不要闹了，我们怕你还不行”。不是用讲道理进行教育而是一味迁就，给孩子造成成年人已经退让的印象。试用激将等办法，但缺乏防止意外的预案措施。

显摆之中暗藏兴趣

案例撰写：袁立满，湖北省秭归县中学教师

两年前，在七（1）班第一次信息技术课上，我简单讲授基础知识之后，很快进入微机教室实践操作环节。第一次上机操作，内容很简单，就是如何开机关机，如何使用鼠标、键盘等。学生则按照事先编排好的座位对号入座。大多数学生都显得比较兴奋，期盼从这门课学到更多的信息技术方面的知识，提高“玩电脑”水平。本来是一门很受欢迎的课程，可是在微机教室不到5分钟，我就发现有的同学注意力不集中。

第一组的田喜虎座位上最热闹！左右两边的同学都凑到他那里去了，田喜虎显得得意忘形，左手置于键盘上，右手操作鼠标，还在低声说话，好像是他在讲课。我初步判断他们在玩游戏，便离开控制台向田喜虎座位走去，果真他们在玩电子扑克牌。我就叫田喜虎同学站起来，问道：“你在干什么？为什么不听课玩起了游戏?”田喜虎说：“你讲的这个内容我已经会了。”“会了也不能玩游戏呀！马上把它关了。”我以命令的口吻说道。田喜虎极不情愿地把游戏关了，并故意把鼠标拿起来又扔回桌子上。我一看到他的态度，火就不打一处来。我说：“还把你弄委屈了，站一边去，等下我再找你。”我不想因为他而耽误了全班的教学进程，所以让他站在教室的角落里，然后继续上课。下课后，他主动向我说明了情况，他家里有电脑，对当时的内容没兴趣，就想偷偷玩一玩游戏，也好显摆一下能耐。

◆简析与研判

随着现代信息技术与网络通信技术应用的不断普及，很多家庭都装配了电脑，外出打工的父母会给孩子买手机充话费。因此，绝大多数初中学生有机会接触电脑和手机，然而把电脑和手机当成学习工具来解决学习问题的学生极其少见。对于初中生沉迷于网络游戏、部分学生中的“手机控”现象，既要加强管理，又要主动引导。对此，信息技术课责无旁贷。

◆教育措施

已用措施：对课堂的异常情况简单快速处理，不耽误全班教学进程。让学生站在教室角落里以示惩罚。课后深入了解情况，明确要求在课堂上不能影响其他同学听课；对老师讲授的知识点掌握后，可以自行看书。通过屏蔽、监控等技术手段对微机教室进行管理，适当加大课堂检查与监督力度，减少学生安装、运行游戏的机会。(效果：一般)

拟用措施：针对学生掌握信息技术知识的差异性，适当组织研讨式、互动式教学，由学生讲知识点，老师负责点评。顺势调整，挑选有教学意义和内容健康的游戏，作为教学的补充，组织对抗赛等，激发学生学习兴趣。引导学生区分游戏的优劣，正确地选择有意义的游戏，科学地探索游戏。用反面典型，引导学生认识沉迷于游戏导致学习下降的严重后果。

课前认真分析学生的情况，进行分层教学，适当提高部分学生的学习目标。组织信息技术兴趣小组，让基础好的学生当小组长，以学生教学生，共同进步。鼓励和提倡创造，给学生布置电脑制作任务，指导学生制作小课件、小游戏等，巩固基础知识，学会迎接技术挑战。

禁 忌：对在信息技术课上违规的学生当堂批评，“你们这些雕虫小技还在课堂上显摆”，打击其学习积极性。将学生课堂上的个别行为“无限上纲”，与其品质或品行考核挂钩。忽视部分上课“吃不饱”的同学的需求，缺乏分类要求或个别指导。搞一刀切，对网络游戏等进行围堵。

只愿意听班主任的课

案例撰写：李家啟，湖北省洪湖市小学教师

这是我当老师后第一次担任班主任，虽然很累，但很有收获。五年级的学生都很机灵，也许知道我是新班主任，都很配合。唯独汪楠宏最让我头疼。

记得那是开学不久后的一个晚自习时间，我照例巡查班级。当我走到本班级时，我看到汪楠宏站在门外，教室的双门紧闭。我问他："为什么站在外面不去上课?"他从头到尾都不看我一眼，像是从鼻孔里嗡了一声："我刚出来。""那你现在该进去听课了吧!""我等会再进去。"这完全是一副与我兜圈子的样子。无奈，我只好询问当班的数学老师。这才了解到，他上课自由出入教室，完全不顾讲台上老师在教学，根本忽视了教室里同学在学习。数学老师出于无奈，就要求他到教室外面站一会，认真反思他课堂上的反常行为。

当我与数学老师短暂交流时，汪楠宏居然当着我的面直接和数学老师对抗，说："你不要我上你的数学课，我正好不想上。如果你再要我上数学课我就跑到河里去淹死。"顿时，我火冒三丈，直接把他从教室门口拉到办公室细谈。他说只想上我的课，其他的都不想上。汪楠宏这样表态似乎很给我这个新班主任面子，但是他何曾知道他给我出了一个大难题。我一时不知如何是好，只好要求他："暂时不想上课可以，但是不能像今天这样无视课堂纪律，影响其他同学上课。”

接下来的日子更让我烦躁，因为他经常迟到、早退、翘课、不做作业，开始“闻名”全校。除了在我的语文课上相对认真外，在其他的课堂上就很自由了。但是周末他一直在参加社会上的培训班，这让我很不理解。

◆简析与研判

汪楠宏学习和行为习惯不好、纪律意识淡薄显而易见，其背后的原因值得深入分析。学生对班主任有敬畏之感，坚持上好语文课，利用周末参加社会培训班，这表明其在学习态度上是在按“好恶”作出选择，其翘课、挑老师等异常行为与求知的渴望并存。增强其求知欲望与学习信心，纠正不良行为习惯，定能促其转变。

◆教育措施

已用措施：建议家长要求小孩尊重各科任老师及其教学管理。与汪楠宏耐心沟通，听取其挑老师的具体理由，解答困惑。对该生提出课堂纪律方面的具体要求，先做到不随便走动、不干扰同学等，并逐步要求其认真完成课堂学习任务。适当批评并注意批评的场合，每次谈话只针对眼前问题，不翻旧账。(效果：失败)

拟用措施：从表扬汪楠宏在语文课上表现的积极态度入手，充分肯定其具有的求知欲望，鼓励其增强学习信心。利用并不断强化该生对班主任的敬畏之感，细致做好思想沟通等工作，引导其认识各科知识学习的重要性，全面打好学习基础。积极组织班级活动，动员班级同学接近而不是孤立汪楠宏同学。

协调科任老师分析汪楠宏翘课和挑老师的具体原因，分头采取切实可行的帮助措施。建议数学老师带头放下身段，主动与该生平等对话，建立融洽的师生关系，取得学生的信任，必要时请校领导出面协调。了解该生的周末培训情况，建议家长劝说孩子把学习兴趣和主要精力转到学校、转到课堂上来。

禁 忌：对班上有的同学针对汪楠宏表现出的厌恶、排斥、孤立苗头不闻不问，任其发展。只对学生的学习或纪律等方面提出要求，对科任老师缺乏必要的沟通和协调。只管学生在自己的课堂上不捣乱，对学生在其他课堂上的表现交给科任老师自己办。

画猪顶撞反而受到赞赏

案例撰写：晏兰，四川省泸州市龙马潭区中学教师

本学期，我担任了九（1）班和九（2）班的化学教学工作。接手这两个班之前，曾听说九（2）班有四个学生上课不遵守纪律，从不写作业，老师自然也就很难真正了解他们究竟会不会做作业。他们调皮捣蛋在学校无人不知晓，有“四大金刚”的称号。特别是他们中为首的庞熙荣，同学们不敢惹，老师管不见效。

两次化学课后，我发现这四个学生的确难得对付。一次，我在批改化学练习册时，发现庞熙荣在一本练习册的答题处工整地画上了猪的简图。我火冒三丈，立马冲出了办公室，径直向庞熙荣走去。然而到教室门口，我停住了脚步，转身回到了办公室。一想到对如此调皮捣蛋的学生发火可能于事无补，我逐渐冷静下来，细致分析了画猪的几种动机。

然后，我才将庞熙荣请到了办公室，指着练习册上的猪，笑着说道：“咦，小伙子美术功底还不错，猪画得挺好的嘛！”庞熙荣非常得意地笑着说：“那是。”“可是，老师不明白的是，你为什么要这样做呢？”“谁叫您要我交作业，我不会写，就画猪咯。”听他这么一说，真让人哭笑不得。喔，原来是老师的错！……“那画猪是怎么学会的呀？”“因为我喜欢画，就学会了。”我接着追问：“化学没学好那就是现在还不喜欢哟！”庞熙荣开始变得有些腼腆，不说话了。这次谈话成为庞熙荣转变对化学课态度的一个起点。一学期下来，他已经成为我的小助手，化学成绩也有较大的提高。

◆简析与研判

有的学生不喜欢学习，或不喜欢某一门功课，会采取恶搞的方式表现自我、遮盖弱点、转移视线、从中取“乐”等，达到顶撞老师，激怒老师，或吸引老师注意的目的。老师被激而不怒、有怒而不发，冷静理智应对，坚持平等沟通与交流，用宽容、真诚、关爱来感化学生、教育学生，定会增强学生的学习兴趣与自信。

◆教育措施

已用措施：通过谈话，了解庞熙荣的个性特点，从中发现其说话算数、讲义气等优点，予以肯定并在教育过程中予以利用。抓住其“因为喜欢就学会了”的观点，耐心向其讲授化学的广泛应用，激发学习兴趣；引导其认识化学对同学们来讲都是新课程，大家在同一个起点上，端正学习态度很重要。加强课业辅导，督促其按要求完成作业。（效果：很好）

拟用措施：平时给该生安排一些力所能及的任务，如分发试卷、准备实验器材，增强其信任感。及时通报该生为班级所做的服务工作，鼓励其进步，并不断提出新的学习目标要求，引领其成长。建立师生双向反馈机制，定期与该生交流思想，关注其生活与学习，包括其他课程的学习。

向家长通报小孩在学校，特别是在化学课业上的进步，请家长鼓励小孩继续努力。安排、动员班级品行较好的学生多与该生接触，一起参与课外活动等，促其接受正能量。与班级科任老师通气，适当多关注该生的课业情况。在实现了对庞熙荣突破的基础上，对“四大金刚”中的其他三名学生，采取相应的教育帮助措施。

禁 忌：被学生的“恶搞”激怒后，怒气之下训斥学生，口不择言，“我看你这是自画像”。认为其他老师管教两年不见效，对学生的异常举动毫无反应，错失交流沟通机会。只有良好的愿望，没有可持续的具体可行办法，致使教育帮助不了了之、半途而废。

板脸听课成为招牌动作

案例撰写：陈霞，四川省泸州市纳溪区中学教师

那年春天，我从张老师手里接过七（3）班。第一次当班主任，我虽充满期待，但还是感到紧张、担忧，害怕自己缺乏经验无力胜任，担心孩子们因为换了班主任就不配合。果不其然，开学第一周问题就来了。

班上几个科任老师告诉我，盛述鸣课堂上从不配合老师教学。他有个招牌动作，就是板着脸听课，老师不知道他是对课堂教学不满意，还是课前发生了什么令他不悦的事情。老师提问，他是不会回答的，老师有时难免在课堂上批评几句，他就更是横眉瞪目，以收拾书本相抵触。因此，科任老师给我提建议，要重点关注盛述鸣这个学生，一是为了维护课堂的纪律，二是规劝他调整上课的心情与心理，轻松愉快地上好每一节课。这样，我常抽时间到班级随堂听课。

有一次道法课，同学们都在围绕老师安排的题目积极发言讨论，只有盛述鸣歪着头、噘着嘴、板着面孔，不被课堂的氛围感染，置身在外。道法课老师很了解盛述鸣，几次想提醒他都欲言又止，最后实在看不过去了，就批评了他几句。其实，就是要求他不要人在课堂心在外，希望他融入课堂，参与讨论学习。盛述鸣立即拉下脸，合上课本，用不大的声音明目张胆地对老师进行咒骂，“我不发言关你屁事……”

这时，正在教室听课的我感觉道法课老师听到了盛述鸣的对抗性语言，

但是没有计较，继续上课。我犹豫片刻，写下一个纸条递给盛述鸣，劝诫他“专心听课不可冲动”。下课后，我找到盛述鸣个别谈话，顺便了解了他的家庭状况等。他能有问必答，至少没见到他有抵触情绪。此后，我经常与盛述鸣联系沟通，得知他将那节道法课上我写的纸条保存了下来，我有些感动。

◆简析与研判

处于青春期的盛述鸣相对固定的叛逆行为，板脸听课、对抗老师等异常举动，是学生追求独立个性心理状态的表现。受叛逆心理驱使，面对批评，公开抗争，欲展示和维护其独立个性；收到老师的温馨纸条提示，感受到脸面被顾及，自尊得到维护，心理需求得到满足。纸条字数不多，形成的心理上的沟通与引导效果很好。

◆教育措施

已用措施：通过个别沟通的方式向该生表明对其个性的尊重，保全其面子与自尊。在赢得基本信任后继续关注，更多地了解学生成长的环境与经历，坚持心理疏通与引导。明确提出要求，在课堂上要认真听讲，配合老师、尊重老师，对老师的提醒与批评不能当面抵抗，不得使用不文明语言。(效果：很好)

拟用措施：发现该生情绪冲动或异常举动，继续使用递条子的办法，悄悄提醒，形成默契。尽量发现学生身上的闪光点，安排其为班级或协助老师承担一些力所能及的具体工作，给予表现和展示的机会，促其转移日常行为重心。及时肯定其在行为习惯等方面的进步，增强信心；指明其不足，明确努力目标。

在班级开展青春期生理和心理教育，引导学生正确认识个性意识、独立意识和成人意识。在班级进行普遍性教育的基础上，还要有针对性地单独辅导有明显叛逆行为的学生，促其纠正不良行为和不妥举止。加强与学生家长的沟通，建议家长冷静、耐心观察和看待小孩青春期的叛逆言行，适时适当引导。

禁 忌：单纯批评和公开指责，惩罚或生硬严厉地说教，工作缺乏针对性。采取高压方式，以硬碰硬，居高临下处理学生叛逆期出现的问题和所犯错误。家长和老师对学生提出不切实际的过高要求，加重学生反感与抵触情绪。

心烦意乱课堂打伤同学

案例撰写：卢全军，湖北省丹江口市中学教师

6月下旬的一个上午，我在七（9）班上数学复习课。上课铃响，谭兴宇几乎与我同时进入教室，他对数学课从来都没有什么期待，上课不听讲，作业一贯拖交，成绩从未及格。我将批阅过的期末考前训练题发给同学，让他们先纠错。叶运常对数学也有一定的困难，同学们在改错，他改改停停，东张西望。在讲解了难度比较大、出错概率较高的几道题目后，我开始板书两道变式题。

等我转身面向学生时，叶运常趴在课桌上抽动身子，有哭的迹象。我立刻到其身边在他耳边小声地问："怎么回事？"叶运常头也不抬就说："没事，我想出去洗一下。"这时谭兴宇认真地看着数学书，身子也比刚才挺直了许多。谭兴宇和叶运常分别坐在第四组倒数第一排和第二排的位置。联想到谭兴宇平日常欺负同学的行为，我立刻怀疑是他俩趁我板书时在下面做了小动作。我问几个同学，都说不知道。问谭兴宇时，他也说不知道。叶运常返回教室仍然说没事，继续趴在自己的课桌上。

第二天上午，叶运常的爸爸找到学校，说孩子的眼睛被同学打伤了。紧接着，谭兴宇的妈妈也赶到学校，带着叶运常上了医院。幸好伤得不重，只是有点红肿。我找到谭兴宇问个究竟："怎么打了人还跟没事一样？怎么打伤的？"谭兴宇只好如实招来，回答说："我成绩不好，妈妈近期不停唠

叨。所以上课很烦，就趴在桌子上。叶运常扭头看见我趴着，图表现把我喊醒。我伸手就捅过去了，不是故意的，完全是因为我心里烦得很。”

◆简析与研判

对于同学在课堂上善意的提醒，不仅毫无感谢之意，还公然冒失地伸手打人，可想而知，当事学生当时心情烦躁到何种程度。学生充满烦躁、怨气，是很难静下心来学习的。学习成绩不好被唠叨、批评、指责，会反过来加重其烦躁与怨气，形成不良心理状态的恶性循环。学生课堂上打人要处置，更需关注的是，如何调整学生的心情，促其保持良好的学习状态。

◆教育措施

已用措施：上课时细心地发现叶运常受伤情况，准其做些简单应急处理，并向同学询问事发原因。进一步观察，对惹事学生及相关情况做出初步分析与判断，继续完成当堂教学任务。配合家长，将受伤的学生带到医院进行检查治疗，并配合班主任协调两位家长解决好问题。事后找到涉事学生深入了解，了解学生闹矛盾的过程和原因，要求学会互谅互让。（效果：一般）

拟用措施：当堂安排一位班干部紧跟叶运常去清洗眼睛，并了解受伤程度，做到心中有数。课后，分别找两个学生谈话，深究原因，并通报班主任课堂上发生的状况，建议带其到医院检查治疗。直接或通过班主任联系家长，通报情况，提醒观察学生受伤情况，并明确提醒涉事学生家长可能承担的责任等。

在处理好纠纷的基础上，向学生提出课堂纪律要求，至少不得影响他人学习。有针对性地引导两名学生调整心态，保持良好的学习状态，加强个别辅导，适当降低学习要求，增强学习信心，然后逐步提出更高要求。联系家长，改变家庭教育方式，多一些关心引导，少一些唠叨指责，尽量避免学生每天带着烦恼和怨气等不良情绪进学校。

禁 忌：将学科的分数放在首要位置，并习惯性地用分数判断学生，把握不住学生的心理状态。仅仅协助处理两个学生闹矛盾的事情，对学生烦躁、冲动等具体原因缺乏分析判断，这样采取的措施只能是“头痛医头”，不能引导学生进入学习状态。指责家长家庭教育不当，缺乏对家长的理解与指导。

当堂撕毁作业本

案例撰写：张乐，湖北省洪湖市小学教师

这是我执教五年级数学时发生的一件事。五（2）班的吕仪征，表现一般，既不是很活跃，也不惹祸，他的数学成绩在班级处于偏下游位置。在我的数学课堂上，他很少找我的麻烦，但是有件事一直令我头疼——不交作业或不按时交作业。几乎每次数学作业都是数学课代表反复提醒催促，他才勉强做完交上来。有时候，我还得自己提醒他交作业。

在一次讲练习课之前，我就发现有几个学生未交作业。于是，在上完课后我在教室里逐个询问了未交作业的原因。前几位同学都是由于个别题目不会做而拖着未交。我则叮嘱他们实在不会的题就空下来，先把作业交了，之后老师讲解的时候注意听就可以了。可是，当我询问吕仪征时，他一声不吭。在我的再三催促下，他才把作业本从书包里拿出来。我接过来一看，发现他当天的作业就只是开了一个头，写下了“练习”两个字，紧接着后面该做的题，连题目都没有抄一个字。气急之下，我呵斥地问道：“昨天干什么去了？怎么一个题都没有做？”我这突如其来的呵斥激怒了吕仪征,他从座位上直接站起来，当着班上同学的面大声反抗道：“我不想写，咋了。”吕仪征满脸怒气，强忍着泪水，当场撕掉了数学作业本。平时沉默寡语的吕仪征此刻如此逆反，出乎我的预料。我盯了他很久，没有说过多的话，顺手从自己兜里拿出我的手机递给他：“你自己给你父母打个电话，亲口告诉他们你不想写作业的原因，好吗?”吕仪征顿时哭出声来，哭得很伤心。随后，他告诉我：“老师，求你不要和我家里人说，我会把练习补起来的。”这件事后，吕仪征交作业比以往积极了，学习成绩也有了提高。

◆简析与研判

从案例中可以看出，吕仪征害怕将自己不完成作业的事情告诉家长，很快就转变了态度，答应补做作业，而且从此以后作业比以往积极，学习成绩也提高了。老师说服学生完成作业的目的看似达到了，但从长远看，如何督促学生主动学习的工作还需跟进。学生害怕“被告状”是怕家长训斥打骂还是有其他隐情等，值得老师细致分析个案，并据此实施具体的教育引导措施。

◆教育措施

已用措施：用定时检查学生作业的方式，督促学生按时、按要求完成作业。发现学生不能按时完成作业时，进行个别谈话并询问原因，遇学生逆反对抗时，保持冷静，提议让学生自己联系家长说明原因。尊重学生的意愿，不再坚持让学生联系家长的要求，给予学生自我认识和纠正错误的机会。(效果：一般)

拟用措施：将学生请到办公室，单独与学生继续进行深入交流，进一步了解其家庭成长和教育环境，并予以教育引导。细致分析该生完成的数学作业准确率，弄清其数学学习中的困难和难点，适当给予个别辅导。联系家长，了解学生在家的学习及完成作业的具体情况，建议家长加强对作业的督促检查。

了解学生不愿让家长知道未完成作业的情况后，深入了解其中原因，排除或劝阻家庭暴力。抓住学生有冲动、急躁等青春叛逆期行为的苗头，认真研判学生的异常行为，并有针对性地进行教育和引导，尽早干预其叛逆行为。启发学生认识当面顶撞老师的错误行为，逐步学会自我反思与友善待人。

禁 忌：面对学生的顶撞，失去理智，以硬碰硬。不给学生自我认识和纠错的机会，强行与其家长通话，“你不是有本事顶撞老师吗，我倒是要当面看看你敢不敢跟家长叫板”，致其失去自尊和对老师的信任。在班级公开点名批评，或对该生失去应有的耐心和关心。

难得改掉顽固的毛病

案例撰写：陈秀华，湖北省红安县小学教师

通过统一招聘，我当上了一名农村小学教师。10 年后以老师的身份重返小学校园，我原以为对小学、对小学生还算了解，其实不然。三（1）班的学生万黎勇活泼好动、热情大方。我刚接触他的时候，看到他与同学的关系相处不错，对老师也很有礼貌，见面不是喊声“老师好”，就是朝老师笑一笑。

当我进入角色开始履行班主任职责时，发现万黎勇在班级教育和管理中是个很难对付的刺儿头。万黎勇的“活泼好动”在课堂上变成了注意力不集中，他在椅子上坐不住。他的课桌上画满了涂鸦，文具盒里永远只有一支被拆坏的笔，所有科目的家庭作业都共用一个作业本。给他换个本子，过几天又还原了。上课前老师没进教室时，他总是带头在教室闹腾，不是在课桌间追逐同学，就是在那里独自大声喧闹。课下，他因打架闹事成为老师办公室的常客。

有一次万黎勇把班上一个小个子男生打哭了，我找他到办公室谈话，批评他欺负同学。万黎勇接受批评的态度非常好，并说：“老师，您放心。我再也不会犯打同学的错误了，我向您保证一定说到做到。”的确，第二天班上很安静，没有学生说万黎勇惹祸。到了第三天上午，万黎勇没有憋住，又将班上的一个女同学的衣服弄脏了。我找到他，追问为什么说话不算数，说好了不再打人惹事，怎么又犯了！他说："老师，我也不想犯错误，就是控制不住。"

没过两天，他又在课堂上搅得他的同桌无法专心听课，差点在课堂上吵起来。我这个班主任工作的重要任务，就是不停地做万黎勇的工作，与家长沟通，向其他学生家长说明情况。我最希望的是万黎勇能改掉他屡教不改的坏毛病。

◆简析与研判

从案例中可以看出，万黎勇的行为习惯的确不好，自控能力差，但其本质并不坏，有改正不良习惯的愿望，教育引导其纠正不良习惯尚不为迟。针对其屡教不改的毛病，需采用"组合拳"，家庭与学校结合，多种措施并行，说服、引导，激励、批评，监督、检查等，这考验家长和老师的耐心。

◆教育措施

已用措施：发现万黎勇犯错惹事，及时处置，耐心教育批评，要求不得再犯同样的错误。通过家访了解该生从小的行为习惯，尽量说服家长扭转"放养式"的家庭教育方式，配合学校对小孩的行为提出约束性要求。调整班级座位，将该生编到品学兼优的班长旁边，使班长与其成为同桌，给予正面的影响。(效果：较差)

拟用措施：协调科任教师，改变思维定式，从心目中为该生摘掉"坏学生"的帽子。对该生提出纠错要求，采取从小到大、由少及多的途径，从容易做到的事入手，逐步提高要求。加强督促检查，相对集中的一段时间，密切关注该生的行为，将其不良苗头遏制在萌芽之中，从而增强其改错的自信心。

开展互帮活动，促使万黎勇融入品学兼优学生群体中，同时加强同伴监督。对万黎勇提出个性化的学习要求，例如开出阅读书目、学会下棋、好好练习写字等，促其在比较安静的活动中利用好过剩的精力。在班级开展养成好习惯的教育活动，从举手发言、按时以及高质量完成作业等具体事情抓起。

禁 忌：发现学生屡教不改后，更加严厉呵斥，“这么好个孩子怎么就成了厚脸皮？”口头教育批评效果不明显后，采取体罚或变相体罚措施，如每次犯错就罚写无数篇检讨，或上课时站在教室外思过。在班级公开反复批评，指责家长从小没有教育好自己的孩子。

懂而装不懂的小女孩

案例撰写：陶春芳，江苏省无锡市中学教师

七（5）班的蒋茹馨非常机灵，平日活泼可爱，经常在课余跑到我面前，好像要把班上发生的一点点事儿都报告给我。我感觉到这是蒋茹馨在想着法子接近我、亲近我，对于她的举动也就从来没烦过。偶尔课间，还能看见她飞扬的眼神，肆意和同学们嬉闹的身影；中午休息时间，她也会雀跃着下楼去其他班玩耍。晚上，她还与另外一个班的男同学通电话、聊天，却刚好让对方班主任掌握到她的信息。从侧面打听到，她在小学时就参加了多项校外培训，古筝过了十级、跆拳道达到九级。

然而，蒋茹馨在学习上并不是我想象的那样出色。她的自习作业总是拖拉，不催两三遍，她是不会交的。在自修课上，她可以咬着笔盯着值日班长看半节课，从她的神态上，谁也猜不出她在想什么。语文和英语都要求背书，到了截止时间，即使她会背了也不知道抓紧时间完成背书任务；家庭作业隔三岔五忘带回家做，或者做好了忘记带到学校。课堂上，班级要求的“四到”她做得不够规范，偶尔老师提问还会扭捏半天，才从座位上站起，且东摇西摆，半天也不开口。有时候教学安排时间紧，老师只好“放过她”。

上学期期末，我在上课时又特意点名要蒋茹馨回答问题，并给她留足了时间。然后她歪歪扭扭站起来，口齿含糊不清，慢慢吞吞地挤出几个词，让班上同学几乎都要失去耐心。不等蒋茹馨说完，一个男生就急了，没有举手就站起来发出愤愤之声："老师，她是装的，课后她根本不是这个样子！"是啊，这么聪明、灵活的一个小姑娘，为什么会拥有如此对立的两面特性呢？

◆简析与研判

学生在校内与校外的表现、在课内学习与课外活动、在对待老师与同学的态度等方面出现明显的差别，这并不奇怪，且需要正视。蒋茹馨在小学阶段按家长要求参加音乐和体育培训考级，花费了不少时间，付出了很多努力。随着年龄的增长，学生开始琢磨如何对付家长，误以为"学习不好"可作挡箭牌，不接受家长安排的额外训练，这才在课堂上有"装"的表现。

◆教育措施

已用措施：及时家访全面了解该生的成长经历，重点是课外参加音乐与跆拳道培训情况和家长安排培训的动机与态度。与学生个别沟通，了解其对古筝、跆拳道的兴趣与下一步是否继续培训的打算，并据其意愿提出相应的建议。针对该生在小学阶段有边玩边做作业的不良学习习惯，提出限时完成作业的要求。(效果：很好)

拟用措施：指导家长将监控、包办转变成提醒、引导，锻炼孩子的自治自理能力，让孩子自主支配业余时间。建议家长每天记录小孩家庭作业的时间，适时与老师沟通，促其逐步提高作业的效率，并给予一定的奖励。利用该生喜欢与老师亲近的优点，进一步拉近师生距离，增强信任感，施与更多正面影响。

肯定家长安排其参加培训对成长的积极作用，如磨炼意志、提高素养、锻炼身体等。肯定和鼓励该生的优点，鼓励其将参加音乐、体育培训的吃苦精神迁移到课业学习上，增强学习兴趣。寻求机会，安排该生参加古筝、跆拳道赛事，展示特长、增强自信，促其融入集体、体验成就。

禁 忌：就学习论学习，只盯学生学习上的弱点，无视学生形成两面性的具体原因。当男生说“她是装的”时，随之附和“我看你就是装的，还装得很像，都可以去演戏了”，直接刺伤学生的自尊。联系家长，只有指责，没有耐心的沟通与指导。暗示学生在家长要求过高、培训安排过多时，不予理睬。

第九编 逆境成长

有的农村女孩，在家不受重视，对学习缺乏信心，对上学读书的目标更是模糊，但是她们深藏心底的求知欲还是会自然流露。这种求知的内动力，在老师细致的关爱、适时的引导、持续的激励之下，必定会创造学生自己不曾想象的奇迹，最终改变她们自己甚至家庭的命运。

小学低年级的学生用不平常的行为吸引关注，是一种本能的反应，而进入高年级后仍然使用类似手段，除了本能的反应外，也是刻意所为，其目的是要满足心理上对情感和关注的需求。

尺有所短，寸有所长。身体有缺陷或运动受限的学生，通常会显得敏感、脆弱，一个眼神、一句话、一个动作都有可能刺激或伤害他们。

石嘟嘟逃学的背后

案例撰写：黄荣，湖北省宜昌市西陵区小学教师

我所在的小学是一所由企业移交地方的学校。70%以上的学生因父母双方或有一方长年在全国各地的外营点修建水电工程，基本上由爷爷奶奶、外公外婆代管，成为城区的留守儿童。

一天，四（2）班的班主任刘老师带着几分怨气将一名男生引到我面前。初次来到校长办公室，小男孩明显胆怯，他将头埋在胸前，让人无法看清其面部表情；他衣衫不整还混有污渍，骨感的小手不停地相互搓着，长长的指甲塞满黑黑的泥垢。刘老师面色凝重地向我诉苦："校长，这个学生经常逃学，不完成作业，我实在是没办法教育了！"我先将孩子牵到隔壁的书记办公室，然后单独听取刘老师的诉说。这名学生叫石嘟嘟，单亲家庭，至今未见过父亲。母亲40多岁才生下他。母子俩居住在一个6平方米的小单间，家中除了床没有任何家具、电器，并且经常停电停水，不具备起码的学习环境。石嘟嘟上学路途遥远，耗费近1个小时；几次逃学后都是从网吧找回的。其母精神状态不稳定，时而正常，时而发病。

随后，我把石嘟嘟带到卫生间，为其洗脸洗手。待他情绪稳定后，我很温和地问他："能不能告诉老师，你怎么就不想上学呀？"他低头不语。我接着问："是不是不想做作业才不想上学呀？"石嘟嘟摇了一下头，挤出了两个字："不是。""晚上在家里想看书都不行，家里没有灯，电被断了。"石嘟嘟慢慢地吐露心声。

◆简析与研判

石嘟嘟的家庭生活现状及其成长的家庭环境令人感到异常酸楚。这个年纪的孩子本该乐学好学，然而嘟嘟却过多地受到了社会、家庭等外部环境的消极影响，若其逃学行为得不到及时的纠正，势必导致此行为更加频发并对学习失去信心，甚至看不到希望。要解决石嘟嘟逃学的问题，学校及老师除做好学生的教育引导工作之外，还需要积极争取社会力量。

◆教育措施

已用措施：与刘老师仔细分析学生家庭背景及生活情况，联系其亲友深度了解其逃学、不做作业等行为的原因。联合媒体、派出所、社区等社会力量，到孩子家中走访，重点解决嘟嘟在生活方面的实际困难，帮其整理房间、落实照明供电，让学生感受到关心和关爱，接受正能量。在校内建立常态帮扶机制，全方位送温暖。(效果：很好)

拟用措施：以此为契机，举一反三，在各班确定重点帮扶对象，组织全校教师开展“拉我的手，暖你的心”亲情结对活动。请专、兼职心理健康教师和心理咨询师对学生进行心理咨询和心理辅导。以“长江文化”课程架构为突破口，将学生与家长一并联系起来，增进相互了解与关爱。作为校长，平时多安排时间与嘟嘟接触。

在要求班主任尽量多关注嘟嘟的同时，协调一名科任男性教师，加强对其学习的辅导，带嘟嘟参与一些集体活动。通过学校的社会资源，在物质上对嘟嘟的家庭进行必要的资助。建立单亲儿童成长档案，形成跟踪关爱长效机制。定期举办经验交流和案例分析活动，共享经验与感悟。

禁 忌：当着学生的面，一一细数石嘟嘟的不良表现及其家庭生活困境。当即严厉批评逃学的错误行为，并按常规对学生提出更高的学习要求。对改变社会和家庭环境表现得无能为力，安慰刘老师不要着急，“碰到这样的学生我们能怎么办?”

理解与宽容助他逆境成长

案例撰写：熊密红，武汉市江汉区中学教师

七年级学生倪健，开学时由外婆带到学校报到，书写字迹潦草，比较顽皮，给人第一印象不太好。学校办理学籍时，发现他没上户口，打电话给家长，了解到孩子跟着外婆和舅舅住在一起，父母很少管教。孩子在学校的表现比我想象的要好，上课积极主动，但作业经常不能完成，课堂上容易睡觉。

新生入校后第一次家长会，倪健的家长没到，他很失望地坐在教室外面的地上。倪健告诉我，家长答应过来参加会的。孩子低着头、失落的样子触动了我。这次我不打算联系其外婆，暗下决心一定要联系上孩子的妈妈。年轻的妈妈告诉我，从孩子出生，他爸爸就没管过，孩子跟妈妈姓，还在想办法上户口。我进一步得知，他爸爸坐过几年牢，外婆现在要带一岁的小孙女。其实，倪健现在就是没有人管的孩子。家长知道他不做作业，晚上偷偷玩电脑，却感到一点办法都没有。

我很庆幸，倪健还能保持上进心，同时我也很担心，由于学习习惯太差，他的成绩会下滑，可能逐步失去学习兴趣。果然不出所料，倪健在语文课上公然和老师对抗。他在语文课上睡觉，老师点他起来，他居然不站起来，还把书摔了。我询问其缘由，他先撒谎说是因为生病了，后来又告诉我，他很多年没见过爸爸了，每当想起他小时候父母好像在吸毒的情景，心里很难受，所以晚上失眠了。

◆简析与研判

倪健在老师开导下能坦诚交谈，表明对父母不良行为的看法和心情，是其内在羞耻感、是非感、正义感的一种表达；学生有求知的欲望，上课才积极主动。然而，家庭引导与督促的缺乏，有碍其良好学习习惯的养成。因此，学校坚持采取补救措施，可助其养成良好习惯，健康成长。

◆教育措施

已用措施：在了解家庭教育和生活情况的基础上，给予倪健充分的理解和适当的宽容，例如不硬逼着去看他的病历来证实其是否看过医生。当倪健愿意谈论家里比较复杂的家事时，坦诚告诉他老师不会嫌弃他们家，相反老师会更加爱护他。课余解答学生作业中的问题，并陪伴其做作业，逐步培养良好的学习习惯。(效果：很好)

拟用措施：宽慰倪健，不要受到父母不良行为的影响，过去的事毕竟已经过去，学会面对现实环境。向他解释其父亲不见面自有不见面的原因，相信总有一天父子会见面，希望他能有更好的状态与父亲会面。动员班级科任老师根据各学科情况，适当鼓励其进步，认真督促辅导，助其提升成绩，增强自信。

帮助倪健制订学习习惯养成计划，分阶段逐步提高要求，并督促落实，如限制每天完成作业或复习功课的时间。经常保持与家长的联系，特别是与其母亲的联系。在父爱缺失的情况下，建议母亲更多地付出，不仅是时间，更重要的是关爱的态度，让孩子理解并培养家庭责任感。

禁 忌：老师在与该生接触中表现出嫌弃、看不起其家庭的情绪或态度。对学生学习习惯的培养只有要求，没有措施，没有督促检查。当学生进步慢或出现反复时，缺乏足够的耐心，甚至想放弃。学校、老师独自设法给予倪健教育帮助，忽视家长的参与和配合。

长大了跟老师一样教数学

案例撰写：庞丹，湖北省崇阳县中学教师

在七（2）班第一堂班会课上，新班主任首次与全班同学集体正式见面。我尽量将脑海里储存的信息与在教室就座的学生逐个联系起来，大多数学生一眼就对上号了。尤其是坐在后排的一位女生，穿着普通，头发干枯有些发黄，一双明亮的眼睛却显得十分胆怯羞涩，一直沉默寡言，看到就特别令人疼惜。对照座次表，我记住了，她叫张欣茹。

这是怎样一个女孩呢？那双眼睛明显告诉我，她对学习有着强烈的渴望，可是她七年级的成绩却普通得不能再普通了，属于中下等水平。我向其他的老师打听了张欣茹的家庭情况。家中三姐妹，她最大。她的妈妈现在又怀孕了，希望生个儿子。唯一的经济来源是靠她爸爸打小工，家庭生活条件显然不好。我第一次找张欣茹谈心时，她告诉我："爸爸妈妈很不容易，妈妈现在身体不方便。放学回家，我要帮妈妈做饭洗衣服，还要带着两个妹妹。在家很少有时间做作业、看书。其实，我还是蛮想看书的。"班上同学们反映，张欣茹胆小、老实、内向，几乎不参加班组活动。

说不清是同情心上升，还是责任感增强，我更加关注张欣茹了。我想办法亲近她、跟她谈心，打电话与她父母沟通…… 一段时间后，她跟我话多起来，上课也认真了。她期中考试的成绩惊到了所有的老师和同学，数学竟然得了一百多分，而原来她只能得到六七十分。几年后，她给我打电话说："姐，我考上大学了，我想像你一样当老师，以后教数学。"

◆简析与研判

有的农村女孩，在家不受重视，对学习缺乏信心，对上学读书的目标更是模糊，但是她们深藏心底的求知欲还是会自然流露。这种求知的内动力，在老师细致的关爱、适时的引导、持续的激励之下，必定会创造学生自己不曾想象的奇迹，最终改变她们自己甚至家庭的命运。

◆教育措施

已用措施：细致观察，掌握情况，上课点该生回答问题的次数从无到有，由少到多。本着亦师亦友的想法，课余经常聊聊，关心她的生活，摸摸她的头、拉拉她的手、朝她笑一笑，拉近距离，显示亲近。在其变得活泼、成绩提高后，及时表扬。推荐《小故事大道理》《做最好的自己》等书籍，看后交流体会。(效果：很好)

找她单独谈话，征求意见让其当数学课代表，并以课代表为纽带，经常接触联系。适当发放“奖品”，轮换着为其准备一点水果、零食和学习用品，让其感受有人在乎自己。鼓励其不懂就问，尤其是以课代表身份与同学讨论数学作业，加强与同学的交往，融洽同伴关系。(效果：很好)

拟用措施：将学生点点滴滴的成绩和进步及时告知其父母，劝其父母克服眼前暂时困难，支持懂事的孩子继续读书。对其数学课代表的工作成绩予以充分肯定，并鼓励其更加大胆开展工作，注意锻炼提升协调能力。适时引导学生对自己未来的求学之路进行设想规划，树立奋斗目标。

禁　忌：对学生缺乏细致观察，只要学生不闹事，就以为是平安无事。只看学生在课堂的表面现象，对家庭背景不管不问，把学生不活跃当成一般的性格特征，对自卑与不自信等问题缺乏切实可行的帮扶措施。明知家长的教育态度存在问题，不联系不沟通，老师自感无能为力。

婉拒资助的贫困女生

案例撰写：陈黎萍，江苏省常州市中学教师

在初中新生入学后，学校要求学生填写家庭情况调查表，了解学生家庭背景，摸清重点资助对象。收到同学们填写的表格，我注意到肖丛玉同学自小父母离异，随母亲长大，家境贫寒，应该纳入重点帮扶的范围。再说，肖丛玉学习认真、活泼可爱、眼神坚定，在同学中显得特别懂事。这给老师和同学留下了特别好的印象。

正当我考虑如何落实帮扶的具体措施时，学校收到了市教育局关于帮困助学金的有关通知。根据通知要求，学校在布告栏发布了帮困助学金的消息，并要求班主任通知到已纳入重点资助名单的学生家长。我在班上公布了资助的要求与程序，又在七（4）班家长QQ群中发布了消息，提醒家长个别与我联系。个人申请的截止时间就要到了，但是肖丛玉的家长一直没有主动与我联系。于是，在课间我找了肖丛玉，小声问她："你愿不愿意申请帮困助学金呀？实事求是地讲，你们家的情况应该是符合资助条件的。"肖丛玉眼眶湿润，稍微调整了一下情绪，比较干脆地说："我妈业余炒股，家境尚可，用不着申请。"

我尊重了她的意愿，但还是不放心，又主动联系肖丛玉的妈妈。她妈妈说："学校通知帮困助学金的消息，已经看到了。我们家境不好，也不想瞒过老师。过去我与小孩子提到过申请资助的事，这次也跟她说了一声，但丛玉坚持不要资助，我也只能同意。"

◈简析与研判

学生婉拒帮困助学金，其原因并不那么简单。坚持发扬风格，把有限的资助机会让给他人的不乏其人。但是，更多的学生或家长婉拒资助，可能是自立自强的表现，或受自尊和自卑双重心理的驱使，不愿轻易给自己戴上贫困的“帽子”，日后低人一等，或欠下“人情”。在实施资助项目过程中，无论学生是否愿意接受或得到资助，学校和老师需要掌握其心理状态，消除因接受或婉拒资助可能造成的心理阴影。

◈教育措施

已用措施：再三与学生和家长联系，宣传资助办法，了解其真实想法与意愿。单独与肖从玉谈心沟通，耐心说明民间资助和政府助学属于正常的社会互助活动和政府助学政策，消除其对接受资助的误解与压力，引导其树立帮助他人的意识。肯定该生自强的精神，并要求她继续安心学习，承诺有困难可随时找老师。(效果：一般)

拟用措施：以肖从玉婉拒资助为例，深入研究该生拒绝资助背后的深层原因，对接受资助的学生予以引导。针对该生有意遮掩家庭贫困背景的情况，进行必要的心理疏导，增强其自尊，消除其自卑。向学生推荐资助与通过资助完成学业后回报社会的书籍或典型案例，教育启发学生，做爱心接力棒的传递者。

始终保护肖从玉家庭的隐私，增加其安全感。通过班级学习活动、课余活动等引导该生增强自信、乐观成长，体验和感悟集体的温暖和幸福。发挥该生学习认真、性格活泼等优势，安排其承担部分班级工作，为班级付出，感受付出的美好。老师重点从学习上多帮助，精神上多鼓励，情感上多亲近。

禁 忌：在班级大力宣传肖从玉婉拒资助的“事迹”，公布其父母离异及生活困难等情况，给其带来更大的心理压力。只从解决其实际困难的角度考虑，“强行”说服学生接受资助，“家里都困难成这样了，就不要硬气穷”，“上面给的资助款，不要白不要”，忽视资助项目的教育意义和当事人的意愿。

优秀女生陷入困境

案例撰写：杨青，湖南省长沙市望城区中学教师

在八（2）班就读的萧华同学，在七年级时表现很好，学习成绩在班级甚至在全校都称得上优秀。她与同学的关系也相处得比较好，从不与同学发生任何矛盾和纠纷。这样一个聪明、听话的女孩当然很受老师的关注和喜欢。可是不知何因，自进入八年级后她发生了一些消极变化，引起老师的担心。

萧华从暑假返校后，上课不像过去那样聚精会神，虽然她不说小话，不搞小动作影响同学，但是每一节课她总是趴在课桌上睡觉，对课堂的学习气氛还是有影响。期中测试结果出来，萧华各科成绩都不理想，与上学期比可以说是直线下降。过去，她各方面表现不错，没有给老师带来任何麻烦，所以老师与她单独沟通或与家长联系得不算多。近期她发生这样大的变化，老师出于关心很快就找她沟通，问她为什么上课总是精神状况不太好。萧华说："这段时间身体有些不舒服，晚上睡不好觉。"老师继续追问，哪里不舒服。萧华明显话没有说完，可就是不愿意多说。

无奈之下，老师通知家长到校面谈，意外的是，来的是她奶奶。老师这才了解到，萧华的父母去年离婚，母亲外出打工至今未归，父亲因病卧床。现在家里无经济来源，由叔叔接济勉强度日。奶奶说："孙女多次说不想上学了，还总在家里唉声叹气。"奶奶很担心，害怕孙女一时糊涂干傻事。

◆简析与研判

家庭突发变故，生活面临困境，给一个懂事女孩的打击可想而知。父母关爱的缺失、生活的不稳定以及由此引发的心理压力等都超出了一个中学生的承受与应对能力。为了保全面子与自尊，学生只能将痛苦埋藏在心底，并在其中挣扎，而这些直接导致学生出现厌学、厌世等情绪。

◆教育措施

已用措施：发现异常变化后，及时找家长和学生本人了解情况，分析原因，提出帮助措施。学校重点解决好该生在校学习方面的困难，尽可能给予资助，同时联系户口所在地相关部门对其家庭进行特困补助，落实好生活保障问题。老师加强与该生的联系与沟通，体现学校和老师的关心，并鼓励其坚持学习，用优异成绩完成学业。(效果：很好)

拟用措施：与学生家长进一步沟通，承诺学校将尽力提供帮助，助小孩完成学业。请家长配合，支持和鼓励小孩从家庭变故的阴影中走出来，帮忙找到母亲的去向，劝其继续关心女儿的学习与成长。请学校心理老师对该生进行心理疏导，助其解开对父母离婚一事的心结，尊重父母的选择，面对现实，做好自己该做的事。

加强对该生的课业辅导，助其奋起直追，恢复到原来的学习状态，重拾信心。建议其母亲坚持每周至少与女儿通一次电话，并适当给予经济上的支持，如逢节假日买件衣物等，让其感受母爱。在班级组织活动，鼓励和引导学生摆脱对父母的依赖，逐步学会独立安排自己的学习生活，明确和树立人生目标。

禁 忌：发现学生课堂上表现差，成绩下降后，不深入了解分析情况，粗暴批评，“怎么越学越差呀”，加重其厌学情绪。只盯着学生在校的学习以及成绩，忽视学生家庭生活困难问题，或对其生活困难问题束手无策。以资助为名，无所顾忌地公布贫困生的身份及家庭情况，伤害学生的自尊。

在伯父的监护下读书

案例撰写：王方珉，湖北省谷城县小学教师

郭水润的父母多年一直在外地务工，将上学的儿子托付给了孩子伯父代为看护。郭水润的伯父成天忙碌，既要种自己家的地，还得干零活挣钱，供这个侄子吃穿，督促他去上学。很少有闲暇时间过问郭水润的学习，更顾不上与侄子交流沟通。几年下来，郭水润也开始意识到自己寄住在伯父家已经给伯父增添了麻烦，做到了每天按时回家吃饭、睡觉，但有话放在心里，不敢给伯父再添麻烦。每周与父母通一次电话，就是郭水润与亲人的交流机会。

郭水润很快就读六年级了，但是他的行为习惯与其他的孩子有明显的不同。在课堂上，郭水润好像总有写不完的纸条，一会儿递给这个同学，一会儿递给那个同学。有的同学知道他的小动作，就干脆不予理睬。这时，郭水润会用手指捅一下同学，对视后笑一笑或做个怪脸。郭水润不做作业也是经常的事。很有趣的是，当我盯着他的时候，他低下头在作业本上写几个字；我不看他的时候，他就干脆不做了。

有一次交上来的作业，郭水润留下了一大片空白。我找他再写，他说不会做，写不出来。我耐心地一遍又一遍地教，可他还是说不会。通过多次辅导、细心观察，我发现他并不是不会做作业，而是心里有一种抵触情绪，不愿意做。于是，我改变了方法，由原来注重催作业、个别辅导作业，变成了更多的课堂提问等互动交流。每次上课提问，他都能认真回答，而且回答得非常好。

有一次课堂作业，我走到他的课桌旁，看看他写得怎么样，结果他的作业也做得非常棒。这样的发现令我感到很奇怪，我不加思索就问起郭水润："你这几次的作业做得很好。以前为什么总是不会做呀?"郭水润非常得意地回答说："我不是不会做，是不想做。老师，您这几次看着我，我心里高兴，我就会做了。"小孩子天真无邪，我相信郭水润说的是真话。

◆简析与研判

小学低年级的学生用不平常的行为吸引关注，是一种本能的反应，而进入高年级后仍然使用类似手段，除了本能的反应外，也是刻意所为，其目的是要满足心理上对情感和关注的需求。由于家庭及亲人情感交流缺失或不足，对于留守儿童的存在感，应引起高度重视，学校及老师的关心、关注，交流、沟通切不可缺少。

◆教育措施

已用措施：专门督促该生完成作业，耐心进行个别辅导，并细致观察学生的心理状态。改变策略，增加对该生课堂上的提问与互动次数，激发其学习积极性，增强其自信心。及时表扬鼓励学生在课堂和作业方面的可喜进步，借机摸透学生的真实心理状态，并实施相应的教育帮助措施。(效果：很好)

拟用措施：与班主任沟通，了解学生家庭成长背景及其完成其他课业的情况，借鉴其他老师有效的教育方法。以平等的姿态、朋友的身份，与该生深入交流沟通，掌握其心理状态与需求。联系班主任一起家访，与其伯父沟通，通报学生的进步，并给予监护人必要的指导。

与班主任和其他科任老师分享自己观察该生并了解到的具体情况，建议共同采取相应的办法，帮助该生健康成长。电话联系外出务工的家长，建议加强与孩子的联系和沟通，配合学校采取措施以满足学生特定时期的心理需求。组织班级活动，给该生安排适当的班级工作，促其服务班级，展示自我，融入集体。

禁 忌：反复追问“为什么不做作业，为什么会做而不愿意做”，简单教训学生。每逢学生作业完成情况不理想，变相体罚，让学生站到教室外面去。缺乏细致观察，教育引导没有耐心，武断下结论“我看你这个学生简直不可救药”，伤其自尊与自信。

不甘示弱的矮小男生

案例撰写：张惠娟，湖北省红安县小学教师

当时，我在地处城乡接合位置的一所小学任教，担任六年级的班主任。刚接手这个班，在认识熟悉学生过程中，男生雷习常给我的印象很深。他个子明显比同龄人矮小许多，后来具体了解才知道他患有轻微的侏儒症。想到这个病很难治愈，我对雷习常心生怜悯，认为命运对他不公，打算多给他一些关注，帮助他为面对未来的人生打好知识基础。

从开学起，我就特别留意雷习常，上完课经常问问他听懂没有，布置作业总要多叮嘱他几句，有同学疯疯逗逗时我会提醒他离同学们远点。简言之，我就是按照我对他的印象在想办法保护他、帮助他。可是没过多久，我发现雷习常不是我想象中的“弱势”学生。当我劝他远离打闹的同学时，他会扭头对我说：“为什么不能跟他们玩？我就喜欢跟他们一起玩。”当我提醒他不要忘了家庭作业时，他会不耐烦地回我一句：“你为什么老说作业呀？我又不是傻子！”除了这些变化之外，雷习常还在课堂上时而做小动作，时而与老师唱反调，搅得课堂不安宁。

看到雷习常不理会老师的特别关心，不顾老师好言相劝，有些叛逆的言行，我开始反思自己。难道老师对他关爱不够吗？难道我无意中伤害了他吗？我百思不得其解！

在一次数学课上，雷习常突然流鼻血，他用手掌抹来擦去。我见状后掏出自己崭新漂亮的手帕，毫不犹豫地帮他抹擦掉鼻血，并带到办公室帮他清洗。然后，询问了流鼻血的原因并叮嘱他回家后如何处理。自此以后，雷习常课内课外像变成了另外一个孩子一样，还主动接近我，再也不见他的叛逆行为。

◆简析与研判

雷习常身体有缺陷，但是他的言行举止不像老师想象的那样弱势。对于老师特别的关注与提醒毫不领情，甚至表现出厌烦，其实他是在用自己的方式表达自尊以及对平等的渴求。他不需要特别的关照，只求享有与正常发育的学生一样的眼神和态度。老师可利用其不甘示弱、积极上进的心态，充分信任、主动引导，助其享有正常的童年学习生活。

◆教育措施

已用措施：见到有身体“弱势”的学生，表达同情心与责任感，通过语言提醒等给予学生特别的关注。即使“好心”引起该生的厌烦，仍然保持耐心，坚持关注。在该生偶发流鼻血时，主动上前帮其处理，用自己的举动感染学生，并对其流鼻血后续处理方式进行必要的提示，确保安全。(效果：很好)

拟用措施：冷静观察该生身体缺陷对其生活与学习造成的影响，然后视情况给予必要的关心和帮助。与家长以及过去的班主任联系，掌握该生在家以及过去在校的表现，做到胸中有数，教育帮助对路。发现该生行动不受限，智商与同龄人无差异，按照正常的学生来对待，避免该生将特别关注误解成歧视。

发现该生的行为并不“示弱”后，及时与该生沟通，鼓励和引导其增强自信。教育和引导班级同学友好相处，相互尊重，对身体有缺陷、弱点的人更应尊重，不得以此取笑他人。在班级采用恰当的语言表扬和肯定雷习常不甘示弱、积极上进的举动，为全班同学树立学习的榜样，同时也营造良好的班级环境。

禁 忌：特别的关心不被理解后，提出严厉和过高的要求，“既然与正常同学一样，那就什么都一样吧”！对于该生表现的好强，不是鼓励支持，而是不断打击致其泄气。发现该生有叛逆倾向后，与其较劲，欲在师生间分出高低。当学生真需要关爱和帮助时，老师不能抓住机会，错失展示关爱的良机。

眼中女神突然变“汉子”

案例撰写：张玲，湖北省谷城县小学教师

五年级女生苏黎梅，五官端正，个子较高，白白净净，穿着得体，她与老师和同学的关系都处理得很好。更重要的是，苏黎梅学习很用功，各科成绩都很好，几乎每次讲评时她的作文都会被当作范文；数学很少出错，而且做题的速度很快。因此，苏黎梅在同学眼中就是一个“女神”。胆大的男生偶尔还在背后喊她“女神”。

苏黎梅习惯好，自觉性强，从不给老师带来麻烦，带这样好的学生，老师很高兴、很省心。

可后来在一次预备上课之时，我刚靠近教室门口，就听到有个男生在叫喊：“女神变汉子了！”进教室后，我看到苏黎梅与一个男生刚打过一架。男生正在整理被扭脱的上衣，苏黎梅气呼呼地回到自己的座位上。讲课前，我简单地对课前发生的扭打评论了两句，算是我的态度，同时提醒同学们：“课间休息其实是下节课课前准备时间，不是留给大家打闹的。”响鼓不用重槌，对于“女神”级别的苏黎梅，我以为她该知错了。参与扭打的男生很快转变情绪，进入课堂学习状态。而苏黎梅整堂课上眼含泪水，面目充满仇恨的样子。我可以肯定在这节语文课上，她压根就没有听我讲什么。一个优秀的女学生情绪发生一点小小的波动，原以为一两天就好了。

可是，接下来的几天，苏黎梅的情绪一直没有转换过来，有两个科任老师也问我：班上的“女神”最近怎么啦？我利用课前的机会让苏黎梅在放学后到我办公室。

当天上完课，苏黎梅按时赴约来到办公室。我刚开始问话时，苏黎梅支支吾吾，什么也不说。经再三启发引导，她终于说出实情：都是被父母离婚闹的。

◆简析与研判

无论小孩多么乖巧、多么懂事，父母离婚都会使他们的情绪出现波动。更令人担忧的是，父母离婚使孩子的心理创伤长期难以平息、难以修复，其长远影响难以估量。面对父母离婚的学生，除了稳定其情绪外，还要视情况开展理性的疏导工作，引导学生认识父母离婚可使其摆脱不正常的家庭气氛，鼓励其将不利情况转变为有利于自己成长的方向。

◆教育措施

已用措施：发现学生情绪持续波动后，单独找该生谈话，反复开导，让其说出实情。兑现承诺，保守该生透露的关于父母离婚的家庭隐私，保全学生在班级的脸面，同时希望该生配合老师，稳控自己的情绪。细心安抚，既然父母离婚已既成事实，作为孩子只能面对，尽快恢复到正常的生活学习状态。(效果：很好)

拟用措施：找到班上知道该生父母离婚消息的同学，逐个叮嘱不得在班上宣扬此事，避免伤害同学自尊。对该生进行心理疏导，分析父母离婚的原因，强调父母婚姻状况的改变不会影响到父母对子女的关爱。经常与该生联系沟通，转移其注意力，促其感悟老师的关心与关爱，增强学生的安全感。

与家长或学生的亲朋好友沟通，介绍小孩情绪方面的变化，提请父母等倍加关注。用恰当方式与科任老师沟通，体谅该生的情绪变化，尽量避免在课堂上激化矛盾。视情况引导该生学会与父母联系沟通的方法，告诉学生老师愿做她的知心朋友，任何时候遇到困难都可以与老师联系，老师也很愿意提供帮助。

禁 忌：忽视优秀学生情绪突然发生的变化，以为“有什么事她自己会处理好的”，在学生最需要帮助时，老师缺位。认为现在学生的父母离婚已经不稀奇了，没做好孩子的工作是父母的责任，老师说什么都没有用。对父母离婚对小孩造成的长远影响以及安抚引导工作的重要性认识不足，行动不力。

腿套硅胶管为冠军出力

案例撰写：尹红，湖北省洪湖市小学教师

三（2）班女生柳金枚，在5岁那年检查出患了脑瘫。虽然没有影响到智力发育，但是手脚已慢慢变形萎缩，右腿上套着一根长长的硅胶管，现在写字只能用左手，而且病情在一步步恶化中。柳金枚克服身体上的不适，学习很刻苦，成绩十分优秀。因行动不便，下课后她总是安安静静待在自己的座位上，也不和同学们玩。

学校组织广播操比赛，获得第一名的班级可以在“优胜班级”评选中加5分。同学们一个个自信满满，跃跃欲试。可在编排队形时，出现了难题。全班51人，排成方阵只要49人、领操1人，有1人不能参加比赛。同学们纷纷把眼光投向了柳金枚，小金枚在大家的注视下就像做错事一样慢慢低下头。我走向柳金枚，轻声说：“金枚，你看你腿也不是很方便，如果做操时伤到了怎么办？不如你为我们当拉拉队怎么样？”柳金枚像被针刺了一下缩了缩右脚，小脸涨得通红，用蚊子般的声音挤出一个“好”字，泪珠在眼眶里打转。我的心被狠狠地揪了一下，我伤害了她。

比赛很成功，我们班获得第一名。挂好奖状后，我及时进行了点评：“获得第一名是大家齐心协力的结果。我想问问大家，比赛时是谁在为我们看衣服、拿水，为我们呐喊加油？”“柳金枚！”大家异口同声答道。“柳金枚同学虽然没有上场，但她为（2）班夺得奖状所做的贡献不可缺少，奖状也有她的功劳呀!”教室里响起了热烈的掌声，小金枚的脸上露出了灿烂的笑容。“六一”儿童节快到了，柳金枚参加（2）班舞蹈排练，当上了舞蹈演员。虽然排练时她手打不直，走位没有大家快，但是我们看到她已经享受到参与的快乐。

◆简析与研判

尺有所短，寸有所长。身体有缺陷或运动受限的学生，通常会显得敏感、脆弱，一个眼神、一句话、一个动作都有可能刺激或伤害他们。在与这些学生相处时，老师应多一份细心，带着感情，多亲近多理解，不忽视不歧视，做到细致入微，避免无意中的伤害，定可让学生增强自信，扬长避短，健康成长。

◆教育措施

已用措施：充分考虑该生行动不便的实际以及由此产生的心理影响，在体育竞赛活动中分配服务性任务，为其发挥作用提供机会。事后，在班级对该生的良好表现给予充分的肯定，引导学生明白道理，只要努力每个岗位都可有所作为。班级舞蹈排练时，再次给予机会，让其参与集体活动，体验参与活动的快乐。(效果：很好)

拟用措施：充分与该生沟通，讲明体育比赛对体能的要求，明确表示老师既不想让其伤心，也不想致其伤身。为该生设定一个更为具体或更有主动意识的任务，如写稿宣传班集体精神，增强参与性。在竞赛点评班会上，安排两名学生自己谈感受，其中请该生侧重交流在场外参与的感受，引导学生认识团队分工与团队精神。

提前设计队形方案，与该生个别谈话打招呼，安排做场外服务性工作。先在班级宣布，参赛需要一个同学承担很重要的场外宣传与服务任务，并提出具体标准，如语文成绩好、写稿快、甘当幕后英雄等，增强学生的责任感与荣誉感。单独与该生交谈，用励志故事引导学生正确认识每个人各有长处和短板，增强其自信。

禁 忌：比较轻率地当全班同学的面说“你腿脚不便就不上场吧，免得拖了全班的后腿”。在赛后点评时，只肯定上场的同学表现优秀，忽略场外学生的服务性工作。以“关心”为由，不安排该生参加任何文体活动。为鼓励该生参加活动，在文体活动中无视其安全风险。

含羞一笑就算是打招呼

案例撰写：舒秀娟，武汉市青山区小学教师

我们学校的学生大多数都是随进城务工的父母来到城市的，是非常典型的“流动花朵”。在六（1）班51个学生中就有40个学生来自农村，而且范围很广泛，东南西北都有。他们天真、单纯，对城市的学习与生活充满好奇与期盼。可是他们有个共同的特点，就是不敢大胆地与人交流，没有说话脸先红了，头就低下去了。平时要说交往，就是与来自同一地区，讲一种口音，或父母居住地邻近的小朋友下课在一起玩玩。大量的“流动花朵”集中在一起，学校也很重视，老师也在想办法，帮助这批孩子更好地适应城市的生活与学习。

六（1）班徐小军长得虎头虎脑，就是卫生习惯不好。去年秋季，老师想与他聊聊，喊他几声，他才慢腾腾地走到老师身边，低头不语。看到他的衣服好像穿了几天没有换洗，小手也很脏，老师问他：“会不会自己洗衣服？”徐小军摇摇头。听到老师问他会不会自己洗手，他把手放到背后去了。问到他父母是否督促他做作业，他才开口说：“爸爸妈妈清早要赶早市做早点，他们走的时候我还没起床；晚上等他们忙完夜市回到家，我困得不行早就睡了。”在卫生习惯不好的背后，还有家庭教育不到位等更多的问题。

本学期初，兄弟学校几位老师来校交流，路过六（1）班教室时正好是下课时间。同学们见到新面孔的客人，自然有新鲜感。好几位同学感到好奇，站在不远处围观。老师让学生给客人打招呼，说声“老师好”，几个同学嘻嘻一笑，没人开口。有位客人走向前去，想与他们聊几句，这群学生害羞地跑远了。这也不奇怪，他们见到本校的老师，也很少主动打招呼问候。

◆简析与研判

进城务工人员子女往往在学校表现出胆怯、害羞、不善交往以及生活与行为习惯方面的弱点，很难融入新的学习与生活环境。这和他们所处的生存环境以及教育环境有关，并非与生俱来。他们表现出的自卑，主要源于对新的环境和新的生活缺乏自信，对城市、对未来虽有憧憬，但感到很陌生、很遥远。扭转这种现象，既要做好个别学生的工作，也要关注整个群体。

◆教育措施

已用措施：在学校营造一种宽松愉快的氛围，让学生有“家”的感觉，成为学校的小主人。要求老师带头主动与孩子打招呼，使用文明礼貌用语，用实际行动感染学生。赏识“流动花朵”不怕苦、耐力强、意志品质坚强等优点，积极组织体育活动，让学生展示自己的优势，在活（运）动中学会交际沟通。(效果：一般)

拟用措施：对学生一视同仁，不歧视“流动花朵”，在评选表彰等活动中同等条件下优先考虑。挑选自卑感强、习惯差的学生作为校领导和老师联系的重点对象，有针对性地给予他们帮助和关爱。在班级开展“我爱家乡”的主题活动，让学生介绍家乡的特点特色等，增强自豪感，消除自卑感，促使他们健康快乐成长。

深入学生家庭，了解掌握每个学生的生存环境和家庭教育情况，体现学校及老师的关心，并帮助解决具体困难。在评优方面对“流动花朵”不歧视。给予家长必要的指导，引导家长重视家庭教育，改进教育方式方法。从实际出发，适当调整教学要求，增强学生在学习上的自信。

禁 忌：忽视进城务工人员的家庭生存环境及其子女教育的特殊性，在学生适应阶段所采用的教育教学方法脱离实际。批评学生不注意方式方法，“进城这么长时间，怎么有些习惯还是没改掉”，伤害学生的自尊，致使学生更加缺少自信。

由二伯送来的转学女生

案例撰写：张慧玲，武汉市江汉区小学教师

上学年10月份，学校接收了一个转学女生。我们学校六年级就只有一个班。对于这名女生和我来讲，都别无选择。

见到女孩时，我很震惊。她确实不太像一个读六年级的小姑娘，矮小、瘦黑、头发干枯，小辫子都不成为辫子。我弯下腰问她："小朋友能不能告诉我你叫什么名字呀？"她低头不语。送女孩来学校的二伯马上说："她叫胡艳韵。老师，这孩子就是不爱说话，特别是遇见生人，就往后缩。麻烦老师多费心。"

我牵住胡艳韵的小手，想带她到教室去与同学见面，同时安排座位。可是，她一副不情愿的样子，勉强被我牵着走进教室。我能感觉到，她对这个初次见面的老师比较抵触。原以为胡艳韵是不适应新的环境，有点胆怯、害羞，度过一段适应期就会好起来，可是接下来发生的一连串事，让我格外担忧。

胡艳韵上课注意力不集中，更谈不上认真学习，从来不与同学交往。更为严重的是，胡艳韵三番五次冲出课堂，跑回家。每次她离开学校，我都要到处去找她。

后来家访，才了解到胡艳韵的家庭情况非常特殊。她的妈妈已经去世，爸爸在外地务工。原来在村小读书时，她的表现就有些不太正常，所以读六年级就转校了，家长希望用改变环境来改变小孩。奶奶在学校附近租了一间房子，算是跟孙女陪读。每次她出走，其实也没跑多远，就在租住房后的空地坐着，不去学校，不进家门。奶奶因年岁已高，无法出门找她，所以每次她出走，我都得想办法将她找回。这样反复多次，弄得我自己也精神紧张，害怕出事。可她依然不开口，就是不与我交流……

◆简析与研判

胡艳韵的特殊家庭处境，致其缺乏家庭的安全感以及对身边人的信任感。父亲不在身边，奶奶力不从心，二伯挤时间帮其转学尽己之责，谁是她可以依赖的人呢？从而，她就对自己、对现实、对未来完全没有信心。帮助胡艳韵扭转现状，学校和家庭应有具体措施，助其获得安全感，将亲人和老师当成自己可以信任和依赖的人。

◆教育措施

已用措施：发现胡艳韵出走等问题，与其监护人联系及时处置，确保其安全，消除隐患。将该生带进老师自己的宿舍，并邀班上女生一起看书、玩耍等，让其体验老师的关爱和关心，逐步赢得信任。找到该生二伯，认真沟通，分析小孩的心理状态及对小孩进行帮助引导的重要性，商讨共同做工作的具体办法。(效果：很好)

拟用措施：建议该生的父亲克服困难，回到老家陪伴女儿一段时间，让其感受父爱并慢慢适应新的生活学习环境。与该生的父亲沟通，询问小孩过去的经历并诊断其心理问题的症结，采取针对性措施。适当降低对该生课业的要求，采取以鼓励、激励、引导为主的教育方式，必要批评时，讲究方法与场合。

在该生升入初中后，与其初中的班主任做好衔接工作，介绍情况，提出帮教工作的建议。劝慰该生走出母爱缺失的阴影，面对现实，珍惜父爱，感恩奶奶和二伯的照料，逐步提高生活自理能力，减轻奶奶的负担。加强与该生的接触和交流，引导该生说出埋藏在心底的话，适当引导，助其对未来树立信心。

禁 忌：将该生出走、不上课等情况报告学校，不接受该生转学或要求家长转到其他“更好”的学校。明知监护人没有行为能力，学校在知情的情况下不主动作为，将学生出走的责任全部推到监护人身上。不主动对该生实施教育引导措施，误以为采取办法也不会有任何效果。在课堂、课余等时间忽视该生的存在，将其视为“不愿意学习”的差生而放弃。

第十编
家庭教育

部分家长因工作和生活压力大，遂产生“无名火”，随后将怨气转嫁到孩子身上，不知不觉形成了“家暴式教育”。

平日的娇惯与突如其来的一巴掌，形成了反差，致使学生行为反常。庆幸的是，与小孩发生矛盾冲突后，家长第一时间想到向老师求助；而学生知道老师上门“解救”，自己主动“解锁”。

一句简单的话“给父亲一个交代”，反映出学生存在学习动机问题，也揭示了学生学习效果不佳的重要原因，即对学习缺乏兴趣与积极性。

父母之间发生矛盾，频繁争吵，有时把孩子当出气筒，或将孩子卷入夫妻矛盾之中，这种冷暴力对孩子造成的影响常常超出了父母的本意以及想象。面对冷暴力，年幼的孩子感到恐惧不安、心神不定、孤立无助、没有安全感、对未来失去信心，由此受到的打击和影响会表现在其学习和行为举止上。

误判了父母对自己的态度

案例撰写：梅芳，武汉市江岸区小学教师

送走了毕业生，我接任了六（2）班的班主任。在熟悉情况的过程中，我发现孔忆华语文成绩很好，听课很认真，但她从不举手发言。为了解她在其他课堂上的表现情况，我询问其他科任老师后得知，他们也有同感。孔忆华课堂上不活跃，课后也不合群，喜欢独处，清秀的脸上几乎看不到笑容，感觉不到花季少女的天真活泼，倒像清心寡欲的老人。

六（2）班的学生一直保持了写日记和周记的好传统。这为我了解和熟悉学生提供了便利。查阅孔忆华稍早一点的日记，我发现她早就流露出非常消极的思想，即质疑生活的不公平，又质问自己存在的价值。我震惊于一个小学生反复提出这样的问题！她在日记中流露出的沮丧、愤懑，让我心惊，让我不安。我想去家访，让孔忆华代我与她的父母约一个时间。孔忆华当场就回答我："我平时不回家，我都难得见到他们。老师就不用麻烦吧！""那你平时与谁在一起呀？""我住在外婆家呀。外公外婆还有一个亲孙子，他们忙的时候顾不上我。"孔忆华低头不语，我察觉到她还有话没有说出来，但是她不想再说了。

几天之后，我当面夸奖孔忆华作文写得不错，她露出了笑脸。我第一次看到她轻松的表情。我又把话题转到家访上去了。我问她，她回家时候，我可不可以随她去家访。她说："我每个星期回一次自己的家。"我便追问：

“同在一个城市，你爸妈就不到外婆家来看你呀?”“他们当狱警，心中只有监狱里的犯人，没时间管我这个女儿。”此刻，孔忆华脸上的笑容全消失了。与学生的对话，使我感受到学生的信任，也意识到自己的责任。当晚，我拨通了孔忆华妈妈的电话……

◆简析与研判

父母因工作原因没有时间陪伴小孩，小孩年幼无法理解父母的为难之处，便误读、误判父母的态度，以为自己是没有人喜爱的孩子，从而产生少语、孤独、自卑等心理，严重的还会对学习、生活缺乏兴趣和信心。这类学生的消极思想和心理主要由家庭成长环境所致，因此老师需引导家长、联手家长尽早采取措施，消除潜在的危险。

◆教育措施

已用措施：细致观察发现学生潜在问题，与学生交朋友，取得学生信任，掌握学生真实心理。启发学生换位思考，理解父母工作的特殊性，信赖父母，帮其解除心理疙瘩。及时与家长沟通，通报老师掌握的信息，引起家长对子女教育的高度重视，建议家长抽时间陪伴小孩，确保小孩感受家庭的温暖。(效果：很好)

拟用措施：取得孔忆华信任后，保持与她的交流与沟通，开导她认识父母工作的重要性及其工作责任感，为父母而自豪。邀请劳动模范或先进个人谈对工作和家庭的看法，引导学生了解什么是公而忘私的精神。通过活动，教育引导学生学会感恩，感谢父母养育之恩，感谢外公外婆照理之恩等。

细致观察，重点培养学生的兴趣和爱好，引导学生体验学习和生活的幸福感，热爱生活。建议和引导孔忆华参加班级集体活动，如发挥其语文成绩好的优势，委托其组织举办班级墙报或学习专栏等。充分肯定该生的学习自觉性、认真的学习态度，课堂上适当引导其参与互动，回答问题，帮助增强自信。

禁 忌：不理解学生孤独的心理，武断批评，“既有父母，还有外公外婆照顾，你哪来的孤独？”观察发现学生误读误判家长对其态度后，反应迟缓，以为“要出问题早就出问题了”。指责家长失职，“孩子的心理状态已经如此，做家长的怎么一无所知？”

我家小孩不用老师管

案例撰写：余静，湖北省麻城市中学教师

学校位于城乡接合部，很多家长因土地转让一夜暴富。李伟强同学家就是一个例子，家长似乎觉得用钱就可以安排好孩子的未来，拒绝与老师交流沟通，即使接听老师的电话也总是极不耐烦。

李伟强虽然聪明，能懂道理，但非常贪玩，缺乏学习自觉性，成绩波动较大。今年中考的第一门课程——实验操作考试的前一周，科任老师反映李伟强在实验室不认真听讲，不动手操作并且干扰其他同学。我征得科任老师同意后跟堂上了接近10节实验课，督促李伟强完成了实验复习3/4的内容。或许感恩于老师的陪伴，或许有感于学习的成就，李伟强答应周末在家自学剩下的内容。然而周日返校检查发现，李伟强什么都没有做。我不得不请家长到校一起处理这件事，以促进考前复习。谁知道李伟强的父亲冲进教室，当着全班学生一通咆哮："我的强儿，只要他愿意在教室里坐着，搞不搞学习不用你管！"我强忍住委屈的怒火，想要解释，但话语都被他抢了，只得强作笑颜等着他发泄完。

似乎被我的克制折服，或许看到学生鄙视的眼神，李伟强的父亲悻悻地推门走出教室。无奈，我叫出李伟强，当面向其父解释了事情的原委。中考完毕，李伟强的成绩超过预期，但其父后来见面时态度依旧生硬冷漠。

◈简析与研判

部分像李伟强父亲一样的家长，一般靠自己打拼，或疲于奔命，或一夜暴富，不再指望孩子通过学业开辟新天地。他们忽略孩子的学业，轻视学校的教育，用不当的家庭教育抵销学校教育，置孩子于矛盾之中茫然无措。学校只有加大教育引导力度，才能尽量消除不当家庭教育产生的消极影响。不然，孩子认知将出现偏差，荒废学业，甚至误入歧途，出现难以扭转的局面。

◈教育措施

已用措施：冷静、理智面对家长，不计较家长的态度，不厌其烦地与家长交流沟通。以真诚的爱和宽容的态度作法宝，通过跟堂听课、检查督促完成作业等感化、帮助、教育学生。以平等对话的方式，与学生讨论对学习的看法，引导学生尝试展望自己未来的人生发展，增强学习自觉性，提高学业水平。(效果：一般)

拟用措施：提升家校联手合作的信心和能力，寻求机会与李伟强父亲坐下来沟通，了解分析其生硬冷漠态度的成因，消除误解，建立互信。重视学生成长信息记录与管理，记录学生的学业、心理、家庭大事记等情况，与家长分享学生的成长过程。基于信息综合分析，增强思想教育与行为引导的针对性；用数据说话，增强说服力和可信度。

请社区出面与李伟强家长沟通。学校采取措施，如励志演讲、读好书等活动，引导当地舆论正确评价教育，引导学生认识读书学习对个人未来发展的积极影响，营造良好的教育生态环境。物色该社区家长到学校谈教育，启发学生珍惜学习时光。

禁 忌：在学生面前和家长发生冲突，检验学生的是非观念，看其是真想学还是假想学。教师在公众面前出现（至少是工作环境中）失态失理，毁坏教师的集体形象。“你的孩子你教育”，家长都不着急，老师还操什么心。在关键时刻缺乏理性，让学生放任自流，不检查不督促。

儿子长成闷葫芦

案例撰写：梅海华，湖北省松滋市中学教师

周孝坤，学习比较努力，成绩很优秀，但性格内向，从不与老师沟通。我担任他的物理老师，无论在校内、校外，他没有跟我打过一次招呼，没有问过我任何问题。因为他物理成绩一直很好，我从没想过他会碰到课业问题。有一次，王碧武找我问一道物理题的解法，听完讲解后，他高兴地说道："哦，我懂了，是周孝坤要我来问您的。"我甚为惊愕："那他怎么不自己来问我呢?"此后，在课堂上巡视作业时，我多次有意走到周孝坤身边看看，或者轻声赞扬他做题"思路正确"，或者问他解题有没有困难，目的是让他开口说话。可是他总是以点头或摇头来回应，就是一言不发。

有次见到周孝坤的爸爸，我特意问道："听说你们父子之间交流不畅，儿子是否从小就不爱说话?"周父说，儿子小时候跟他没什么隔阂，但父子间的言语交流随着儿子的长大越来越少。现在儿子许多事就不和家长讲了，甚至故意瞒着大人。家长越来越不放心，不仅数落他的错误，甚至有时还打他。周孝坤很喜欢玩电脑，家长怕他耽误学习，发狠话说发现他玩电脑就要打他。有一天，周孝坤到同学家去玩，回来很晚。当周孝坤准备直接进入房间时，周父吼道："怎么这么晚才回来?"儿子站住，望着父亲，也不说话，父亲气急败坏，上去就狠狠踹了儿子一脚。周孝坤狠狠瞪了父亲一眼，走进房间砰的一声关上了房门。最后，周父叹气道："不知怎么搞的，现在儿子几乎不跟我说话。"

◆简析与研判

学生在成长过程中，与最亲密的人——父母和老师都不（会）交流，除与同伴交往增多、自主意识增强外，大多都是因为家长或老师教育引导方法有悖于孩子的心理特征。内向性格的形成，不利于学生的健康发展，会对学生未来融入社会形成桎梏。

◆教育措施

已用措施：建议家长与孩子平等沟通，关注孩子心理健康，避免打骂式教育。转变陈旧的教育理念，摒弃父母之命不可违或师道尊严的思想，维护孩子日趋增强的“自主”和“自尊”意识。用实际行动告诉学生，家长和老师是在平视学生而不是俯视，以朋友的语气营造沟通的氛围。允许学生在周末上网，将上网时间限制在合理的范围。(效果：一般)

拟用措施：利用家长会、微信平台等多种途径提升家长的教育素养，让家长懂得学会引导小孩重视人际沟通。在学校有组织地安排科任老师单独找该生谈话，逐渐消除其戒备心，增加语言交流。利用该生学习成绩优秀的有利条件，安排其在班级讲述学习体会，强化与同学的语言互动，老师择机参与对话，打破无语言交流的僵局。

适当开导、批评，帮助该生认识人际沟通，包括与家长的正常沟通交流的重要性。家长和老师可劝说并监督该生远离有内向性格倾向的同伴，多接触性格活泼的学生。制订并落实计划，做长期打算，坚持引导和训练。联系关心下一代工作委员会，组织关心青少年学生心理健康的专门活动，引起社会广泛关注。

禁 忌：用训斥的语气和孩子谈话，使其增强“被教育”的戒备感。教育中犯急躁病，出现反复就失去信心。只要求其在学校与老师保持正常的交流，“在家里你跟不跟你父亲讲话是你自己的事，你就看着办吧!”操之过急，在起始阶段引导和训练提出的要求太高。

给孙子播下仇恨的种子

案例撰写：翟乃国，山东省沂水县中学教师

去年，我从同事手里接过八（2）班，在第一次全班会上寥寥数语之后，我就让同学们当堂“做作业”：写一份自我介绍，必须包括我的家庭背景、我的困惑、我的理想、我的打算等。同学们套路很熟，没用多久就一个个交了作业。看到很多同学对学习、对未来充满信心，我自然感到很欣慰。

当看到吴巨强的作业时，我异常惊讶：“我随爷爷奶奶一起长大，他们为了我付出了很多很多。我能为爷爷奶奶做的就是好好学习，争取考上大学，然后找一份能挣钱的工作，赚好多好多的钱，给爷爷奶奶买好吃的，孝敬他们。另外，还要买包老鼠药给那个女人吃，让她七孔出血，不得好死。”我从惊讶中渐渐陷入沉思，是什么人令这小小年纪的孩子产生如此巨大的仇恨？我开始为吴巨强的心理问题担心，担心这种仇恨的心态伴随他一生，担心他由此做出后悔莫及的事情。

通过了解发现，吴巨强的父母在他一周岁的时候离婚。他的妈妈与他同村同姓的叔叔再婚后，长年住在离吴巨强家不足50米的地方。离婚一年后，吴巨强的爸爸重组家庭住进了城里，而吴巨强一直和爷爷奶奶住在乡下，由爷爷奶奶抚养长大。爷爷奶奶怕吴巨强的妈妈把孙子抢去，于是就不让吴巨强接触自己的妈妈。每逢妈妈去看儿子，爷爷奶奶就破口大骂，还不断地教育孙子，他的妈妈是一个抛弃了他的坏女人。就这样天长日久，吴巨强幼小的心灵灌满了对妈妈的仇恨。

◆简析与研判

吴巨强对其母亲的仇恨心理，显而易见是爷爷奶奶长期误导和不断强化的结果。其负面影响，不仅已经远远超出了爷爷奶奶的可控能力，而且小孩对母亲的仇恨还会逐步扩散，必定会直接影响小孩的学习、进步、成长，后果不堪设想。庆幸的是，这次常规的课堂作业获得了意外的收获，老师的及时发现、干预，可以有效纠正学生的不良心理，防止其走偏。

◆教育措施

已用措施：多次与孩子沟通，起初教育效果不明显时，尽力理解学生的心理，仍然坚持耐心开导说服。请吴巨强的爷爷到学校沟通，共同分析成因和潜在危害，动员监护人扭转心态，改变教育方法。建议家长从制止小孩对妈妈的谩骂开始，逐步引导其理解和尊重爸爸、妈妈对个人生活的选择。(效果：一般)

拟用措施：找准恰当机会，与学生进行深入的交流，重点掌握分析“仇恨”的症结所在，增强开导教育的针对性。避开该生，单独约谈其母亲，了解母亲不顾指责与谩骂坚持看儿子的动机，并向学生转达母亲的关爱之情。帮助爷爷奶奶转变观念，充分认识“仇恨式”教育的严重后果。

以活动为载体，对学生进行感恩教育，让学生学会为什么要感恩、感谁的恩、如何感恩。向学生推荐、讲解以德报怨、以怨报怨的故事，教育学生学会控制和消除仇恨与对立情绪。及时肯定学生对母亲态度的点滴变化，抓住机会建议学生学会与父亲、母亲沟通，逐步加深父子情、母子情。

禁 忌：忽视学生在作业中流露的仇恨心理，以为“小毛孩无非就是说说而已”。只顾同情自己学生的不幸遭遇，无意之中强化其对母亲的仇恨。单独对学生进行引导和教育，忽视与其监护人的沟通。

对缺课理由含糊其词

案例撰写：曾飞虎，广东省中山市中学教师

八（5）班黎芬悦的父母两地分居，她随父亲住在离学校不远的居民小区。在七年级时，虽然成绩一般，但是黎芬悦基本能做到每天按时上学，作业也能按要求完成。

秋季开学不久，黎芬悦不知何故有时候缺课。有一次黎芬悦缺课返校后，我抓住机会想跟她好好谈谈，问她不请假缺课干什么去了，她不做声。问她为什么不来上学，她的回答很简单："就是不愿意上学。"谈话之后，她缺课的情况在很短的时间内有点好转，但是很快发展到持续性地逃学，短则两三天，长则一周不在学校露面。

考虑问题的严重性，我联系了黎芬悦的家长。在电话中，父亲对女儿缺课的解释含含糊糊，他似乎对小孩经常逃学持无所谓的态度。10 月中旬的一个周二上午，早自习课上又不见黎芬悦的踪影。正好我上午没课，于是就趁早赶到黎芬悦家去家访。

到了她家住处后，我又是敲门、又是用手机打电话，才把她父亲从睡梦中唤醒。与其父亲简单说了几句后，我将黎芬悦从其卧室带回学校上课。一路上没少劝说，当天课后又语重心长地与她谈了一次。她答应我今后好好上学，不再逃学，但没几天又故态复萌。在短短两个月的时间内，我先后 7 次到黎芬悦家里去请她上学。有时候不能去家里接，就打电话给她父亲，她父亲不是说小孩生病就是找其他理由搪塞。12月最后的一周，一直都不见黎芬悦上学，找到她家里，其父亲也说不清小孩去哪里了。最后，我联系其母，几经周折，一周后才找到她。学期结束后，黎芬悦自愿随母转学往湖南就读。

◆简析与研判

父母长期分居，母亲远在异地，女儿随父亲居住，父亲有心无法，学生所处境地与单亲家庭环境别无两样。家庭的温暖以及家庭安全感缺失，自己无法选择随父或母生活，以及学生本身的迷茫与自卑，超出了一个初中女生的心理承受与应对能力，导致其不顾后果，采取缺课、逃学的办法逃避现实。学生，尤其是女生在迷茫时的异常举动，须及时干预和纠正，不然后果严重。

◆教育措施

已用措施：及时发现问题，时时跟踪关注，并直接与该生进行个别谈话，提出按时上学的要求。多次直接到学生家中请其到校学习；发现学生缺课就与其父亲联系，通报情况。与其父母双方交流，劝其改善家庭关系，督促孩子到校学习。明确指出无故旷课违反学校纪律以及逃课外出的潜在危险，同时安排其他学生主动邀其上学，体现同学间的关心与友爱。（效果：失败）

拟用措施：了解掌握其父母两地分居及双方不和等情况后，直接教育该生正视困难和问题，不能采取逃学等消极方式对付父母，贻误自己。劝学生体谅父母两地分居的苦衷，劝其母更多关注女儿，并反思对女儿照顾不够，承诺母爱不会改变。建议其父母充分考虑女儿的教育与成长问题，坦诚与小孩沟通，增强其家庭安全感。

请学校心理咨询老师（或请一位年长的女性老师）干预，辅导学生调整心理，在自己情绪波动时理性选择待在对女生最安全的学校或自己家，避免误入歧途。尽量挖掘该生的优点，予以鼓励，或创造机会促其展示特长，增强其自信心。在侧重帮其解开心结的基础上，尊重该生的意愿，由其本人和父母商量后自由选择其生活学习环境。

禁 忌：粗暴对待孩子，单纯用学校纪律等要求其按时上课，发现违纪，批评一次比一次严厉，结果适得其反。忽视该生对家庭的感情因素，教育引导不得法，“你们家大人靠不住了，你必须靠自己”，进一步加重其不安全感和自卑感，或致其关闭自己的内心世界。

娇气男生嫌弃学校寄宿

案例撰写：杜宁，陕西省铜川市中学教师

李伟雄本学期刚从外地转入八年级。初来乍到，他比较遵守纪律，平时不爱说话，学习成绩比较差，不会安排自己的学习和生活。李伟雄转学后实际上进入了一个适应期，老师也在注意观察他的言行举止。

有天清晨，我接到家长的电话，电话那头喊了一声老师后就传来哭声。“李伟雄早上不肯来学校，家人怎么劝都没用。他姐姐劝他，他还和姐姐打了一架。”原来是李伟雄妈妈给我打的电话。我问：为什么呢？李伟雄妈妈说，小孩早上不想上学的原因，是不愿意在学校住宿。我联想到前一天，李伟雄找我说这扯那，说有事一定要回家一趟。我让家长把电话给李伟雄，并对他说：“你昨天请假，老师答应你了。你有想法可以先到学校来商量，老师帮你解决。”李伟雄答应了，他父母陪他一起来到学校。

我和李伟雄单独进行了交谈。他说，在学校吃食堂、住集体宿舍，根本就不习惯，就不想在学校寄宿了。前天晚上，他妈妈嫌他晚上看电视时间太长，当他正在看足球时，强行关掉了电视机。因此，他就赌气早上不来上学。接着，其父母又单独告诉我说：“儿子不想住在学校，不完全是因为身体差的原因，更不是因为学校条件不好，而是在家里晚上可以不用自习，还可以看电视直至深夜。”其父亲反复解释说：“伟雄从小被奶奶溺爱，习惯坏了，谁都拿他没办法。”针对李伟雄的弱点，老师与家长约定，共同努力，教育引导学生融入集体，养成良好的学习和生活习惯。

◆简析与研判

用不上学来对抗家长，以身体差、学校住宿条件不好为由逃避集体生活，学生心中自有他的小算盘。理性地分析，这既有家长溺爱留下的后患，也是叛逆心理在作祟。幸好一次反常的举动，将其思想和心理毛病全暴露在家长和老师面前，为培养其良好的行为习惯、纠正其心理偏差等提供了有利的契机。

◆教育措施

已用措施：耐心听取学生不愿住校的理由，客观对其身体状况做出判断，和家长商量同意其走读，同时提出晚上在家的学习要求。老师、学生、家长共同协商制定一份课余时间安排表，明确要求不能因为看电视而荒废学业。建议家长加强监督，及时将孩子执行作息时间的情况与孩子和老师沟通，促其兑现承诺。(效果：很好)

拟用措施：更加关注该生，每天为其布置适当的学习任务，由简到难、由少到多，促其养成自学的习惯。协调各科任老师，在学习上加强辅导，及时帮其解决学习上的困难，使其逐步增强学习信心。对于该生敢于承诺、兑现承诺所取得的进步及时表扬，同时对失言或犯错也要批评。

督促该生加强锻炼、增强体质，同时用相对贫困的学生简朴生活的典型事例教育该生，促其培养吃苦耐劳的精神。引导该生学会交流与沟通，要特别尊重家长，承担力所能及的家务活，如洗碗、扫地等。要求该生多参加班级集体活动，遵守学校纪律，学会融入集体并感受集体生活的温暖。

禁　忌：使用高压方式，对学生提出过多过急要求，使学生对目标望而止步，没有信心。忽视学生“看电视”等具体要求，反而强行阻止，满口批评教育，讲道理说学习，不给他选择的权利。批评一顿了事，缺乏后续持续性学习和行为习惯养成的教育。

女生的母亲长期缺位

案例撰写：周玲，湖北省洪湖市小学教师

秋季开学后，我接手了二年级班主任工作。见到新任的班主任老师，班上很多小朋友都有些新鲜感，有的主动亲近老师，有的比较注意观察老师。作为班主任，我也很细致地观察了解每一个学生。没过多久，我就发现女生马颜琪与其他同学的表现很不一样。她上课听讲很专注，作业不仅正确率很高，而且字写得很工整。但是，她与班上的同学不是很合群，每次下课后，她都不出去玩，留在座位上默默无声，好像心事很重。

开学后，学校要求各班代收学生的早餐费，我曾提醒马颜琪多次，但她没有交。问她什么原因，她也不回答。最后，我就直接电话联系其家长。就这样我在学校第一次见到了她的奶奶。奶奶交了早餐费后，我顺便与她谈起小孩的学习和行为习惯。奶奶毫不保留地把孙女的情况告诉我了。马颜琪的妈妈是外省人，认识小孩的爸爸不多久就住在了一起，没领结婚证就生下了她。小孩出生后不久，两人又分开了。现在马颜琪的妈妈长期住在她自己的老家，她爸爸要把她妈妈接回身边，但是她妈妈却死活不肯。虽然马颜琪随爸爸生活，但是她爸爸是个不善言辞的人，也不懂得如何带好孩子。爷爷奶奶含辛茹苦把她养到八岁。谈到这里，奶奶心酸地落下眼泪。擦干泪水，奶奶又很欣慰地说："不过这个孙女在家里很懂事。她常说，奶奶辛苦了！等我长大了，我挣钱养活奶奶。"听到马颜琪在学校表现得较孤僻时，奶奶只是苦笑。

◆简析与研判

孩子童年生活中母亲角色的缺失，会导致部分情感体验的缺失，引发性格缺陷或扭曲。面对监护人的无奈与无助，老师需要的不仅仅是同情与理解，而应该从教育者的角度，采取措施尽力弥补学生情感体验的缺失，同家长一起耐心地帮助其弥补性格缺陷，助其快乐成长为一个性格健全的有用之才。

◆教育措施

已用措施：悄悄物色马颜琪同村的女孩子，让她主动邀约马颜琪一起上下学，一起学习和玩耍。在课堂上多鼓励该生发言，课间找她多谈话，明确告诉她老师非常关心和关注她，有想法和问题随时找老师。加强与监护人的联系，了解掌握学生在家里的变化。直接与其妈妈通电话，建议妈妈一个月至少给孩子打一次电话。（效果：一般）

拟用措施：利用女性老师的优势，明确告诉学生，愿意充当她的“代理妈妈”，赢得信任，并给予女孩“有妈妈”的安全感。引导和督促该生尽量参与班级文娱体育活动，融入班集体。利用班会等形式，给全班同学诠释什么是“爱”，从小学会感悟和体验家庭、学校、社会以不同形式给予的爱。

在与该生建立互信的基础上，启发和引导学生理解父母选择的生活方式，学会向父母表达自己的意愿和想法。充分肯定该生在特殊的家庭环境下，仍然坚持认真学习、积极向上的良好表现，明确指出性格缺陷对其的消极影响并鼓励其主动改变。建议和引导其父加强与孩子沟通和交流。

禁 忌：不考虑该生及监护人的感受，随意透露其家庭隐私，加重其自卑和孤僻感。对其父母的生活方式妄加评论，“连自己的女儿都能丢下不管，还算是个妈”，强化孩子对父母的负面印象。劝慰工作不得法，顾此失彼，“奶奶对你这么好，这么多年没有妈妈都过来了”。既然学习成绩尚可，“老师管不了学生没有母爱的事”，无视学生情感需求。

为给父亲一张毕业证

案例撰写：王诗铭，武汉市硚口区中学教师

八（3）班学生程欣桃，父母离异，由父亲抚养。程欣桃的父亲在经商，忙于应酬，没有时间花在女儿的教育上。但是，从多年的打拼中，他悟出了一个很重要的道理，就是要让孩子多读书。因此，父亲对女儿的期盼比较高。

程欣桃的日常生活和家庭教育基本上都是由爷爷奶奶承担。在爷爷奶奶眼里，孙女从小很少得到母爱，两个老人就像是自己欠孙女的一样，尽量满足她的各种要求。早上，爷爷奶奶备好早点后喊她起床吃早餐上学，时常是三请三催，她就是懒得起床，爷爷奶奶很无奈。程欣桃到校后精神总是不佳，就像前晚没睡觉一样。老师联系家长后得知，她在家上网，经常玩到深夜，睡觉也要大人催了一次又一次。

上学精神不好，注意力不集中，学习成绩必然好不起来。老师多次找她谈心，劝她集中精力好好学习，把成绩提升起来。她常回答说："反正我就这样，我感到成绩要上去很困难，其实成绩上不上去无所谓。"在所有的功课中，她的英语又是最差的，对她来讲是最难学的。她们班的英语老师一贯教学极为认真，对程欣桃几乎是"软硬兼施"，使用各种方式帮她学习英语。但程欣桃厌恶英语课，逐步发展到不喜欢这个认真的英语老师。有一次课堂上，程欣桃读课文结结巴巴，班上有的同学忍不住笑起来了。英语老师要她跟着老师读几遍。程欣桃心底一直埋藏着郁结，此刻对立情绪一触即发。她直接跟老师吼起来了：“你别逼我。我学英语毫无必要。我能坚持坐这儿，就是在等一个毕业证，给父亲一个交代。”

◆简析与研判

一句简单的话“给父亲一个交代”，反映出学生存在学习动机问题，也揭示了学生学习效果不佳的重要原因，即对学习缺乏兴趣与积极性。在教育与帮助学生纠正不良生活与学习习惯，指导与引导家长改变溺爱的家庭教育方式的同时，我们更需要采取措施，不断地开导、启发、帮助学生认识和解决好一个基本但非常重要的问题：为何要上学？

◆教育措施

已用措施：采取家访、单独谈话等方式，关注程欣桃的生活与学习，促其体验学校老师的关爱与期盼。引导该生提高生活自理能力，自觉遵守学校作息时间，管理好个人的课余时间，养成良好的生活习惯。针对其单亲家庭的特殊生活环境，通过交流沟通进行心理疏导。建议其父现身说法，耐心讲解读书学习对个人未来生存和发展的重要影响，引发该生对学习的重视。(效果：一般)

拟用措施：设计学习或活动项目，让学生参与体验，引导其发现潜能，扭转“我不行”的认识误区，增强自信。协调科任老师，短期内适当降低对该生的课业要求，加强课业辅导，逐步缩小与班级同学的差距。协调女性科任老师，与该生保持比较紧密的联系沟通，从不同的视角，引导该生走出家庭变故的阴影，振作精神并投入学习。

组织“我为中华崛起而读书”主题班会，用名人名言激励学生好好学习，营造更浓厚的学习氛围。在充分沟通后，引导学生规划自己未来的生活和发展，劝其打好基础，学有所长。采取激励、引导、感染等多种措施帮助该生排除怨恨、消极、恐慌、缺乏安全感等情绪因素的干扰，促其乐观向上健康成长。

禁 忌：单纯强调成绩与分数，在全班当众数落学习成绩比较差的学生。明知学生父母离异，开家长会要求父母全部到场，给学生心理加压。平时在晨会、班会等场合，讲话举例无所顾忌，点名或不点名地涉及部分学生家庭隐私，或旁敲侧击地批评不同家境的学生和家长，不要以为“家里有点钱就可以不好好读书”。

男孩成为父亲的出气筒

案例撰写：魏娇婧，武汉市硚口区小学教师

许蓝潼直到三年级上学期都给老师和同学留下很好的印象。他学习习惯好，上课注意力很集中，发言也积极，作业整洁，正确率较高。他属于比较安静的类型，很少疯疯逗逗，与同学交流也不多。

可是从三年级下学期开始，许蓝潼的行为、性格逐步发生了变化。课堂上经常走神，不知道他在想些什么。课堂作业，他在班上总是拖到最后才交上来，书写变得潦草。这些直接导致了他学习成绩明显下滑。刚开始发现许蓝潼有波动时，老师都采取了比较宽容的态度，相信他很快会恢复到从前的状态。

有一次，他和另外两名学生把作业本弄丢了，需要交费后重新到学校领一本。为不耽误学生做作业，我给相关的老师打招呼后，他们未交费先领到了本子。第二天，另外两名同学把钱带回来交给学校，而许蓝潼迟迟未交，我催过几次后就没有再过问。又过了一段时间，我得知许蓝潼还没有交费，就专门找到他询问原因。许蓝潼的胆子比较小，尽管我很平和地问他，但是他一开口说话就哽咽起来。我从许蓝潼的陈述中了解到，原来他的父母在春节期间开始经常吵架。他爸爸没事时喜欢出去打牌，经常整夜不回家，也不告诉他妈妈他的去向。有一次，他爸爸又出去打牌很晚没回家，他妈妈打电话他不接。随后，他妈妈逐个给亲戚打电话，发现他爸爸在娱乐场打麻将。他妈妈连夜把他爸爸从牌桌上拉回。他爸爸的面子扫地，恼羞成怒，回家后就跟他妈妈大吵一架，并将她赶出门外。赶走他妈妈后，儿子成了他的出气筒，他又把儿子赶出门。深夜，许蓝潼哭着找妈妈，最后找到妈妈的朋友家与其见面。

◆简析与研判

父母之间发生矛盾，频繁争吵，有时把孩子当出气筒，或将孩子卷入夫妻矛盾之中，这种冷暴力对孩子造成的影响常常超出了父母的本意以及想象。面对冷暴力，年幼的孩子感到恐惧不安、心神不定、孤立无助、没有安全感、对未来失去信心，由此受到的打击和影响会表现在其学习和行为举止上。解铃还须系铃人。老师在安抚引导学生时，需花精力做好分外的工作，对其父母进行劝说，引导家长为子女提供一个温馨、宁静、安全的港湾。

◆教育措施

已用措施：对一贯表现好的学生发生变化后，细致观察，逐步发现问题，并与其深入交谈，掌握情况后第一时间开展家访。与学生的母亲坦诚交流看法，劝其认识夫妻吵闹对孩子幼小心灵带来的伤害。建议父母不要当着孩子的面发生争执，更不要采取极端方式将孩子卷入矛盾之中。（效果：一般）

拟用措施：通告科任老师该生情绪变化的家庭因素，避免老师在不知情的情况下激化其情绪，促使学生尽快恢复到较好的状态。保持与该生的联系与沟通，用言行取信于该生，鼓励和引导其向老师倾诉心声。明确告诉学生，当遇到解不开的心理疙瘩或遇见困难时，随时找老师寻求帮助，老师会兑现承诺。

物色第三方，如家长的亲戚、好友等，参与劝说学生家长的工作，促夫妻妥善处理关系，为小孩营造良好的家庭氛围。建议家长，尤其是父亲抽出时间，常带小孩参加游乐或社会实践活动，改善亲子关系。引导学生逐步理解孩子在父母心中的重要地位，学会理解父母生活中的艰辛及不可避免的摩擦。

禁 忌：当着学生的面，指责父母不负责任，使用赌徒、赌棍及“没有资格做人父母”等字眼。期盼该生的父母关系缓和，消极等待学生的心理状况和学习态度发生变化。暗示学生，在父母之间喜欢哪个就站在哪边，变相挑拨其父母的关系。

掌上明珠不见光彩

案例撰写：刘丹，武汉市黄陂区小学教师

高小虎还在三年级的时候，我就教他们班英语课，到现在五年级我又担任他们的班主任。记得在四年级的时候，他在英语课堂上，对新单词和小句子的兴趣能保持几分钟，念几遍后就开始注意力不集中。老师布置的读单词、背单词任务也不好好完成。有一次，我抽查背单词的情况，不到十个单词，他居然一个单词都没有拼写对，我便嘱咐他多读多背。我第二天再次检查时，他绝大多数单词仍然不会拼写。我问他："老师的要求你做到没有？"他理直气壮地回答说："做了。以前我只读一两遍，昨天读了三遍。"

高小虎的父亲常年在外地务工，由妈妈在家陪着他在本地上学。妈妈对这个独苗儿子过于溺爱，疏于管教。就在前不久，高小虎为了显摆，花钱买比较贵的零食，分给那些平时走得近的同学。在分吃零食时，他与同学发生争吵，扭打起来。我找到高小虎了解打架的情况，发现买零食的钱是他从家里悄悄拿来的。

事后，老师家访与他妈妈沟通，希望家长对小孩不要娇生惯养，给他一点家务事做。他妈妈很无奈地说："当初他出生的时候，他爸爸说儿子是我们的掌上明珠。什么事都依儿子的。我没有读几年书，讲起道理来，我又说不赢儿子。有时候是想让他帮把手，他说要学习。其实，他说去学习就是个幌子。我又能怎么办呢?”

只要老师找他谈话，高小虎表现得非常老实。问他知不知道自己的缺点，他会很坦诚地说，脾气不好，成绩不好，跟同学的关系也不好。我曾经鼓励他，只要努力还是可以转变的呀！高小虎却说：“我的基础不好，成绩摆尾巴，有的老师也不喜欢我，就这样了。”

◆简析与研判

高小虎受到家庭溺爱，从小娇生惯养，随心所欲，形成比较懒散和自我的性格特点。而这样的性格与心理必然导致其在学习上刻苦精神不足、基础知识掌握不牢、学习成绩逐步下降、同伴关系紧张等，进而又开始自卑、自暴自弃，甚至比较早地出现逆反的心理。

◆教育措施

已用措施：与高小虎沟通，充分肯定他的主要优点和本质，指出通过努力可以逐步改正存在的缺点，对他寄予希望和信心。通过家访与家长沟通，建议并指导家长总结过去家教的教训，改变家教观念，对小孩提出明确具体的行为规矩。先从自己任教的学科开始，加强指导和辅导，促其提高兴趣和成绩。(效果：很好)

拟用措施：遇到该生犯错误出问题，耐心教育引导，帮助他分析原因，让他自己找出错误所在，保护其自尊心。适当的时候适度对其错误行为给予批评，同时用行动表示对该生的关心和爱护，让其感受和理解老师的真情关爱。指导协助该生制订学习安排与计划，明确具体要求，逐步提高学习上的奋斗目标。

加强对该生热爱生活、热爱劳动、勤俭节约等方面的教育，引导其每天帮妈妈做一件家务事，在班上当好值日生。见到该生进步后，及时在全班充分肯定，鼓励其争取更大的进步。协调科任老师，统一认识和看法，采取个别辅导、课堂关注、个别沟通等针对性措施，为该生补牢基础知识，增强自信。

禁 忌：当着学生的面指责家长不懂得如何教育小孩，“这些毛病都是你们在家里娇惯出来的”。对学生心理变化过程缺乏深入分析和准确诊断，教育引导措施具有盲目性，就学习论学习，“你只要把成绩提上来就什么都好说了”。每当学生出现状况，采取强制手段、简单方式处理问题。

她有个“厉害”的爷爷

案例撰写：余明霞，武汉市蔡甸区小学教师

李小惠从外地转入我们这所镇上小学，就读三年级。她家就在学校附近，她的父母经商，在几个城市都有经营活动，很少在家。爷爷奶奶带着小孙女，生活照顾无比周到，在孩子学前教育阶段就教会了很多知识。当时转学，爷爷奶奶和爸爸妈妈就有过分歧，爸爸妈妈想把小孩转到中心城区上学，说那里的教育质量比镇上的好；而爷爷奶奶认为去中心城区，生活不习惯、不方便。就这样，李小惠就转到镇上读书。李小惠很机灵，一旦遇到一点不顺心的事，就说原来爸爸妈妈不想让她在这里上学，要是转到城里去了多好呀！

李小惠就把在镇上读小学不当回事，小小的年纪就经常说身体不舒服，找个借口不上学，还说不上学就没有作业。在同学面前，李小惠喜欢显摆自己的花衣服，炫耀自己的高档玩具，想通过这些来吸引同学的关注。当同学们想跟她一起玩的时候，她又显得小气，不与同学分享自己的好东西。因此，在同学中没有好朋友。上课的时候，李小惠不认真听讲，注意力不集中。有一次数学老师问我：李小惠在语文课堂上表现怎么样？我俩一交流，对她课堂表现的看法是一样的。我专门找到李小惠，想劝她好好地听课。我发现她能言善道，小嘴叽叽喳喳讲个不停：“我没有不听讲呀！是别的同学上课不听讲，有的还讲小话。”我不得不把话题引回到她身上：“你不认真听讲，就不会做作业。”李小惠马上说：“就是没听清也没有关系。”“怎么个没关系呀?”她接着说：“不会的我就问爷爷。我爷爷奶奶可厉害了，他们还教我唱歌、跳舞、写字、绘画，教我好多。”原来是家里给她留下了退路……

◆简析与研判

家庭溺爱使孩子养成了唯吾独尊、自高自大、不容他人的个性。家长重视对孩子的家教本来是一件难得的好事，但是不恰当的家教又误导了孩子，致其忽视、轻视课堂教学和学校教育。要做好李小惠的教育和引导工作，必须先与家长统一认识，再采取有效措施。不然，学校和老师单方行动，很难达到预期的效果。

◆教育措施

已用措施：与家长沟通，帮家长走出爱的误区，走出家教的误区。告诉家长应避开小孩向老师反映家长对学校和老师的意见和建议。在孩子犯错时，教会她接受正确的批评；确实有病须到医院就诊，不能硬扛，应遵医嘱，在身体条件许可的情况下，坚持学习。(效果：很好)

拟用措施：建议家长认识学校教育与家庭教育的差别以及学校教育的重要性，当小孩无视学校要求时，督促、引导她服从学校和老师的规定与要求。利用该生爱跟老师讲话的特点，教育引导其关心家人、老师和同学。发挥该生音乐、美术特长，为其融入班集体创造机会，找到与同学交往的乐趣。

耐心宣讲学校对学生的要求以及规矩，要求其认真遵守纪律。采取分步的方式，坚持检查该生操行表现，从按时上学、完成作业等逐项落实，并及时给予充分的肯定，帮其树立信心。引导该生将家庭条件的优势转化为自己的学习优势，将注意力转移到培养良好的学习和行为习惯上来，争取更大的进步。

禁 忌：厌恶家长看不起镇上学校的态度，冷淡对待甚至排斥其家长。公开对学生讲，“既然你的家长什么都可以教你，你就不用到学校了”。基于该生傲慢和在学校无所谓的学习态度，有意和无意地孤立学生。采取其他消极办法，应付该生及其家长。